Le grand ménage amoureux

Catalogage avant publication de la Bibliothèque nationale du Canada

Brisebois, Robert

Le grand ménage amoureux : pour en finir avec l'amour cul-de-sac

1. Relations entre hommes et femmes. 2. Séduction. 3. Amour. 4. Amours. I. Titre.

HQ801.B77 2003 306.7 C2003-941602-X

DISTRIBUTEURS EXCLUSIFS:

- Pour le Canada et les États-Unis:
  MESSAGERIES ADP*
  955, rue Amherst
  Montréal, Québec
  H2L 3K4
  Tél.: (514) 523-1182
  Télécopieur: (514) 939-0406
  * Filiale de Sogides ltée

- Pour la France et les autres pays:
  VIVENDI UNIVERSAL PUBLISHING SERVICES
  Immeuble Paryseine, 3, Allée de la Seine
  94854 Ivry Cedex
  Tél.: 01 49 59 11 89/91
  Télécopieur: 01 49 59 11 96
  Commandes: Tél.: 02 38 32 71 00
  Télécopieur: 02 38 32 71 28

- Pour la Suisse:
  VIVENDI UNIVERSAL PUBLISHING SERVICES SUISSE
  Case postale 69 - 1701 Fribourg - Suisse
  Tél.: (41-26) 460-80-60
  Télécopieur: (41-26) 460-80-68
  Internet: www.havas.ch
  Email: office@havas.ch
  DISTRIBUTION: OLF SA
  Z.I. 3, Corminbœuf
  Case postale 1061
  CH-1701 FRIBOURG
  Commandes: Tél.: (41-26) 467-53-33
  Télécopieur: (41-26) 467-54-66
  Email: commande@ofl.ch

- Pour la Belgique et le Luxembourg:
  VIVENDI UNIVERSAL PUBLISHING SERVICES BENELUX
  Boulevard de l'Europe 117
  B-1301 Wavre
  Tél.: (010) 42-03-20
  Télécopieur: (010) 41-20-24
  http://www.vups.be
  Email: info@vups.be

Pour en savoir davantage sur nos publications, visitez notre site : **www.edhomme.com**
Autres sites à visiter : www.edjour.com • www.edtypo.com • www.edvlb.com • www.edhexagone.com

Dépôt légal : 4e trimestre 2003
Bibliothèque nationale du Québec

ISBN 2-7619-1851-7

Gouvernement du Québec – Programme de crédit d'impôt pour l'édition de livres – Gestion SODEC – www.sodec.gouv.qc.ca

L'Éditeur bénéficie du soutien de la Société de développement des entreprises culturelles du Québec pour son programme d'édition.

Nous remercions le Conseil des Arts de l'aide apportée à notre programme de publication.

Conseil des Arts du Canada — Canada Council for the Arts

Nous reconnaissons l'aide financière du gouvernement du Canada par l'entremise du Programme d'aide au développement de l'industrie de l'édition (PADIÉ) pour nos activités d'édition.

Le grand ménage amoureux

ROBERT BRISEBOIS

Pour en finir avec l'amour cul-de-sac

LES ÉDITIONS DE L'HOMME

Vers l'âge de douze ans, je m'étais promis que,
si un jour j'écrivais un livre, je le dédierais
à mon professeur, Roch Fortin. Alors :

À Roch Fortin, pour m'avoir donné
le goût de l'écriture et pour m'avoir dit :
« Écris ! »

Je remercie ma femme, Diane Beauchemin, qui m'a transmis un peu de sa persévérance, qualité dont j'ai eu grandement besoin pour terminer cet ouvrage. Elle a été ma première correctrice et elle a toute ma reconnaissance.

Je tiens également à exprimer ma gratitude envers les personnes de mon entourage immédiat, dont les expériences ont souvent servi à illustrer mes propos.

AVANT-PROPOS

Vous aimez lire les avant-propos. Félicitations ! L'avant-propos est au livre ce que les préliminaires sont à l'amour : une œuvre en soi, ou une introduction judicieuse à l'usage de ceux et celles qui désirent apprécier pleinement le contexte dans lequel l'action prend tout son sens.

Vous vous apprêtez à vivre une aventure au cours de laquelle nous découvrirons ensemble les méandres du processus amoureux. Selon le dictionnaire, « processus » signifie : « développement temporel de phénomènes marquant chacun une étape ». Cette notion de processus est intrinsèque à l'amour, qui se développe dans le temps en quatre étapes, ou définitions, décrites dans cet ouvrage.

Soyez sans crainte, ce parcours du phénomène amoureux se fera en douceur et avec un brin d'humour.

L'idée de ce livre a jailli lors de conférences que j'ai données, un peu partout au Québec, devant des groupes de célibataires séparés ou divorcés. J'avais animé pendant quelques saisons, à la radio, une tribune téléphonique qui se nommait *Rapprochements*. Nous y traitions des propriétaires d'agence de rencontre et moi, de la condition des personnes seules. À la suite du succès de l'émission, on m'a demandé de donner une conférence devant un groupe de séparés et de divorcés de la rive-sud de Montréal. Ravi à l'idée d'avoir un public en chair et en os, j'ai accepté d'emblée la proposition. Je me suis donc retrouvé avec un engagement pour des conférences, mais sans sujet. De quoi allais-je parler pendant deux heures ? J'ai pris une feuille blanche et j'ai griffonné : « Ce qu'on demande à l'amour… ».

Le titre avait germé tout seul. Après tant de temps passé au micro à écouter des hommes et des femmes exprimer leurs attentes face à un conjoint réel ou éventuel, après les avoir entendus raconter leurs déceptions, je savais déjà qu'on demande beaucoup à l'amour. Je tenais le sujet de ma conférence. Mais c'était insuffisant. Je ne pouvais me contenter de décrire à quel point ce pauvre amour est méconnu et par trop sollicité. Je devais offrir à ceux et celles qui m'entendraient ce soir-là une solution, une piste qui leur permettrait de toucher, ne serait-ce que du bout du doigt, une nouvelle façon d'entrevoir leur vie amoureuse. Le domaine de la condition masculine m'est bien connu. J'ai eu l'immense privilège d'animer pendant plus de deux ans un des plus grands groupes ouverts de discussion pour hommes. Grâce à cette expérience, je savais que la répétition aveugle de schémas fait que nous nous heurtons souvent au mur de l'impuissance et nous empêche de résoudre certains problèmes. Et si notre conception de l'amour était aussi un schéma, un *pattern* ? Je me suis aperçu que notre perception du phénomène amoureux nous amène à répéter sans cesse les mêmes actions, voire les mêmes erreurs. J'ai donc ajouté à mon titre de conférence : « et comment sortir du cercle vicieux amoureux ». J'avais un thème, une piste, j'étais prêt à affronter mon premier public.

La première conférence a duré près de trois heures. Après un exposé d'un peu plus d'une heure trente, où nous avons beaucoup ri, le public et moi, j'ai eu la surprise de vivre une période de questions qui a duré presque aussi longtemps que l'exposé lui-même. J'avais touché un point névralgique de notre inconscient collectif. En partant de quelques observations et de deux ou trois constatations, j'avais suscité un intérêt qui allait m'amener à donner des conférences pendant plus de trois ans. Dès le lendemain, j'ai en effet reçu des appels d'organisateurs me demandant de présenter ma conférence à d'autres groupes de nouveaux célibataires. Le phénomène s'est amplifié au fil des ans. J'ai présenté à plusieurs reprises « Ce qu'on demande à l'amour et comment sortir du cercle vicieux amoureux », et j'ai mis sur pied deux autres conférences. Comme j'étais un peu gêné de revenir devant un groupe, même un an plus tard, avec le même matériel, j'ai pondu une deuxième conférence, que j'ai intitulée : « Plaire à tout prix, plaire à quel prix ? », qui traite du phénomène de la séduction (de loin la plus amusante de mes trois conférences, un véritable cours sur les tactiques permettant de « pogner », sujet dont l'audace lui a valu sa popularité) ; et une troisième, « Faire ou refaire sa vie », qui s'adresse surtout à ceux et celles qui redeviennent célibataires après une longue relation de couple.

Ce livre s'inspire en grande partie du matériel de ma première conférence. Ne soyez cependant pas surpris si vous y trouvez des éléments provenant de la deuxième et de la troisième. J'ai également puisé à ces sources. Il est plus facile d'élaborer dans l'écrit que dans l'oral. J'ai donc repris certains éléments traités dans les trois conférences, qui sont difficilement dissociables.

Ce livre est ce qui se rapproche le plus d'une relation intime entre vous et moi. J'espère que vous vous y reconnaîtrez et que vous aurez autant de plaisir à le lire que j'en ai eu à rencontrer les gens lors de mes conférences.

Je tiens aussi à souligner que cet ouvrage ne s'adresse pas qu'aux célibataires. Je l'ai écrit pour tous ceux et celles qui désirent explorer le processus amoureux.

Chapitre

1

L'impossible célibat

J'étais dans un restaurant chic avec des amis lorsqu'une femme est venue s'installer à la table voisine. J'ai d'abord cru qu'elle attendait quelqu'un, mais après quelques minutes, lorsque je l'ai vue commander son repas, j'ai compris qu'elle se préparait à vivre en solitaire une activité que j'affectionne particulièrement lorsque je suis en bonne compagnie. Je dois avouer que j'ai ressenti un certain malaise. Je me demandais ce qui pouvait bien pousser cette femme à vivre, seule, une activité aussi conviviale que le partage d'un repas dans un restaurant fréquenté par des amoureux. La chaise vide qui lui faisait face sonnait faux. Cet espace aurait dû être occupé. Même le serveur, qui en avait sûrement vu d'autres, y est allé d'un : « Vous serez seule ? » plutôt perplexe. La dame a répondu d'un léger hochement de tête et a demandé la carte des vins. Tout au long de la soirée, j'ai observé, bien malgré moi, cette dîneuse. Mon imagination tournait à toute vitesse. Célébrait-elle l'anniversaire d'un amour défunt ? Avait-elle décidé d'honorer quand même un rendez-vous annulé par un amoureux négligent ? Était-elle là par nostalgie d'une époque bénie ? Je n'arrivais pas à croire qu'elle était là tout simplement pour apprécier, seule, un bon repas. J'avais presque pitié d'elle. J'avais envie de déplacer ma chaise jusqu'à sa table pour combler ce vide devenu quasiment palpable depuis que le serveur avait retiré le deuxième couvert.

Dans notre société, le célibat est souvent perçu comme j'ai perçu la solitude de la dame, c'est-à-dire une situation malheureuse qui, idéalement, doit être éphémère. J'oserais même dire : un accident de parcours que le temps ou l'entourage doit réparer à un moment ou à un autre. Les célibataires eux-mêmes utilisent une foule d'expressions pour justifier leur condition marginale. Quant au dictionnaire des synonymes de mon ordinateur, il propose : « garçonnet », « jouvenceau », « adolescent » ou « gosse ». Comme si le célibat nous renvoyait à un état d'immaturité ! Puisqu'on dit souvent des célibataires qu'ils ou elles sont des personnes seules, j'ai refait l'exercice avec le mot « seul », beaucoup plus éloquent pour décrire notre perception de la solitude. Le dictionnaire m'a proposé : « isolé », « bizarre », « rare », « délaissé » ou « singulier ». Décidément, être seul n'a pas très bonne presse !

Je me souviens d'une dame qui travaillait dans une boutique de chaussures où mes parents achetaient régulièrement des souliers pour leur marmaille. Étant donné nos nombreuses visites – nous étions cinq dans la famille –, mon père avait développé avec elle une relation plutôt amicale. Un jour, durant une séance d'essayage qui n'en finissait pas, elle s'est mise à parler de sa situation de nouvelle célibataire. Je devais avoir tout au plus treize ans. L'étrangeté de ses propos me fascinait. La dame expliquait à mes parents qu'actuellement, elle « prenait du temps pour elle », qu'elle « apprenait à vivre avec elle-même » et que, « pour une fois, elle était maîtresse de son quotidien… » Ces formules toutes faites, puisées à même le recueil des clichés des autres, formaient un chapelet de moins en moins crédible au fil des propos de la dame. J'avais l'impression d'assister au témoignage d'une accusée devant un tribunal imaginaire. Pourquoi cette femme éprouvait-elle un tel besoin de se justifier, d'excuser sa situation de personne qui ne fait pas partie d'un couple ? Plus tard, chaque fois que j'ai rencontré une personne cherchant à expliquer sa situation de célibataire, l'image de cette femme m'est revenue à l'esprit. À elle seule, elle était l'incarnation de tous nos préjugés face à ceux et celles qui ne cadrent pas parfaitement dans le moule du couple et de l'amour. Notre littérature encense le couple ; notre musique chante l'amour ; le cinéma, le théâtre et tous les arts nous proposent continuellement des modèles de bonheur. Ces modèles passent inexorablement par le couple. Outre l'image de la chaise vide de ma dîneuse, qui nous rappelle la «nécessité» du couple, qui peut imaginer gagner autre chose qu'une «paire» de billets (ils vont toujours par deux) pour un spectacle ou un voyage! Dans notre société, les événements heureux se vivent à deux.

Le célibat peut être un choix. Malheureusement, il est souvent imposé. Comme le disait Clémence DesRochers dans un de ses monologues: «Je suis célibataire par choix: personne ne m'a choisie.»

J'ai un copain – appelons-le Éric –, qui est célibataire depuis des lunes. Professionnel financièrement autonome, spirituel, hétérosexuel et très bon cuisinier, il est l'image même du «bon parti». Pourtant, Éric est seul, et il l'est depuis bientôt quinze ans. Éric a des copines, des amies, mais jamais d'amoureuse. Des gens de son entourage, moi y compris à une certaine époque, ont vainement tenté de lui trouver une compagne. Le statut social d'Éric dérange, inquiète. Son état de *célibataire-et-heureux-de-l'être* fait naître des angoisses chez les accouplés qui l'entourent. Il nous interpelle dans nos choix de vie, dans nos réponses toutes faites. Et si Éric vivait quelque chose qui m'échappe? Ce célibataire serait-il la preuve vivante qu'on peut vivre en harmonie en dehors du modèle papa-maman traditionnel? Impossible, voyons, le gars *est sûrement* malheureux! Alors, plutôt que d'accepter sa différence, nous nous efforçons tous de lui trouver une «mademoiselle solution» qui le rétablira dans le droit chemin. Même si Éric semble heureux dans sa solitude. Il ne rejette pas l'idée du couple, mais il se refuse tout simplement à vivre une vie à deux pour le côté pratique de la chose. Tout ce que les gens acceptent pour ne pas être seuls dépasse ses capacités de compromis. En ce sens, il préfère être seul, plutôt que de vivre une relation de couple par peur de la solitude. S'agit-il une fois de plus de justifications de célibataire mal à l'aise dans sa situation marginale? La longévité de son célibat prouve le contraire. Nous avons tous connu des personnes qui demeuraient en couple pour les mauvaises raisons. Que ce soit pour la maison, les enfants, le cercle social ou par peur de se retrouver définitivement seul, plusieurs couples moribonds vivotent lamentablement. D'autres volent d'une relation à l'autre à la recherche du je-ne-sais-quoi que le conjoint est censé apporter au quotidien. Et ce, sans succès.

Au-delà des bonnes et des mauvaises raisons justifiant la nécessité du couple, il demeure évident que l'être humain semble avoir un besoin inhérent de partage. Nous désirons tous aimer et être aimé. L'amour nous fait grandir. C'est en présence de l'autre, à son contact qui nous renvoie constamment un reflet de nous-mêmes, que nous arrivons à devenir meilleurs. Le couple nous offre une occasion de partager au quotidien, ce qui contribue grandement à faire de nous des êtres plus complets. Comme le disait un humoriste : « Le couple, c'est une occasion extraordinaire de vivre à deux des problèmes que nous n'aurions jamais vécus tout seul. » Mais c'est aussi grâce au couple que nous arrivons souvent à surmonter la maladie, le chômage ou les soucis concernant l'éducation des enfants – problèmes qui nous auraient peut-être semblé insurmontables sans la présence et le soutien de notre conjoint. Une des plus grandes lacunes du célibat, c'est l'absence de cette image de nous-mêmes que nous renvoie notre partenaire de vie. De retour à la maison le soir, après une journée heureuse ou difficile, les murs vides et le chat sont de bien mauvais compagnons pour échanger quelques réflexions sur les événements qui ont marqué la journée.

Un jour, au tableau noir d'une salle dans laquelle je devais donner une conférence, quelqu'un a écrit : « Quiconque aime est né de Dieu et connaît Dieu, Jean 4,7 ». Je crois sincèrement qu'aimer nous rapproche du divin. C'est à travers l'amour que se vivent les plus beaux et les plus grands projets. L'amour donne des ailes et nous procure une énergie, une créativité, des espoirs qui nous font souvent regretter avec nostalgie nos premiers élans amoureux.

Je n'ai jamais entendu une personne intelligente prétendre qu'elle n'aspirait pas à l'amour. Il est vrai que l'amour peut faire mal, qu'il peut détruire. Parfois, l'amour déçoit. Il nous ramène continuellement à la quête de la relation parfaite. Il n'en reste pas moins que c'est à travers le couple que la grande majorité des êtres recherchent le bonheur, un bonheur qui semble invariablement passer par l'amour. Si certaines personnes n'arrivent pas à vivre en couple ou à former une union durable, c'est sans doute à cause de ce qu'elles demandent à l'amour. Mais encore faut-il pouvoir définir ce que c'est que l'amour.

Chapitre

2

Définir l'amour

Tout comme vous, j'ai entendu et lu plusieurs définitions de l'amour. Une de celles qui reviennent le plus souvent prétend que l'amour est le don total de soi-même. Certaines font mention, avec des variantes, d'un chèque en blanc signé chaque jour et pour toute la vie. Chaque religion a sa définition et ses préceptes sur l'amour. Mais de toutes ces tentatives de définition du sentiment amoureux se dégage l'idée d'une absence d'action consciente, de volonté de la part de l'amoureux. C'est comme si l'amour était quelque chose qui arrivait soudainement à une personne, une émotion qui échappait à son contrôle, à sa volonté. L'expression courante veut que l'on « tombe en amour ». Victime des flèches de Cupidon, l'amour nous tombe dessus comme le rapace fond sur sa proie. Impuissant face à ce sentiment inattendu, l'amoureux est dépossédé de sa raison et doit se plier aux élans que lui dicte son cœur. Triste sort que celui de l'aimant !

Je propose ici une toute nouvelle façon de définir l'amour. Il ne s'agit pas d'intellectualiser à outrance nos élans romantiques, mais bien de nous offrir un angle de perception de nos sentiments qui nous permettra de nous les approprier. Nous allons donc voir l'amour comme une action, plutôt que comme un état. L'amour, c'est *avoir*. Avoir quoi ? Avoir envie de quelque chose. Dire « j'ai envie de », c'est affirmer « je veux ». Dans ce « je veux », on retrouve deux choses : tout d'abord le « je », qui définit clairement l'appropriation, le fait que je fais mien ce qui suit, et le « veux », soit la volonté qui sous-entend la décision ou le désir face à une situation ou à un phénomène. Nous allons examiner ici quatre définitions de l'amour. Bien qu'elles soient présentées dans un ordre évolutif, les trois premières ne proposent pas un schéma à suivre dans le but d'atteindre la quatrième. Chaque définition présentée ici est complète et se suffit à elle-même. Chacune d'elle débute par «j'ai envie».

Première définition de l'amour: J'ai envie d'être avec toi

C'est la première et la plus fondamentale de toutes les définitions. Aimer, c'est avoir envie d'être avec l'autre, d'être bien avec l'autre. C'est la définition que j'utilise lorsque je dis que j'aime mon travail, mes amis, mon chat... Bien que cette définition paraisse simpliste, il est étonnant de constater à quel point nous perdons rapidement de vue cette nécessité de désirer la présence de l'être aimé. Pour toutes sortes de raisons, nous hésitons à appliquer cette grille d'analyse à notre couple, et à nous poser la question : Suis-je encore bien avec lui, avec elle? Coincés dans le quotidien, plusieurs couples se tolèrent, s'endurent. Pourquoi? Parce qu'ils ont oublié d'investir à fond dans ce bien-être commun qui est la seule garantie de longévité en amour. Je t'aime, puisque je suis encore et toujours bien avec toi.

J'ai dîné récemment avec une amie d'enfance. Un spectateur aurait sans doute eu bien du mal à saisir la nature de notre relation. Durant le repas, et au cours de la promenade dans le parc qui a suivi, nous n'avons échangé que quelques mots banals sur notre vie quotidienne. Comme celle d'un vieux couple, notre relation se passe de mots. Je n'ai pas envie de faire quoi que ce soit de particulier avec elle, j'ai simplement envie d'être avec elle. Sa présence comble mon besoin d'intimité, mon désir de la savoir toujours partie prenante de ma vie. Cette complicité, qu'on appelle l'amitié, est une forme remarquable d'attachement. N'allez pas croire que ce type de relation amoureuse est moins exigeant que toute autre forme d'amour. Au contraire. L'être humain a tendance à être très exigeant en amitié. Souvent bien plus qu'en amour. L'ami doit nous apporter quelque chose. Lorsqu'un ami devient moins intéressant, ou lorsqu'on le sent diverger de nos intérêts premiers, il n'est pas rare que nos rencontres et nos coups de téléphone se fassent moins fréquents. On met vite au rancart les amis qui ne répondent plus à nos attentes. Pire, on ne se gêne pas pour indiquer à un ami dont le comportement a changé, ou qui se laisse soudainement aller, qu'on ne tolère pas ce changement. Ce n'est pas nécessairement la même chose au sein du couple. Plusieurs tolèrent certaines conduites et attitudes chez leur conjoint qu'ils n'accepteraient jamais chez un ami. Il est fascinant de voir à quel point des personnes sont moins exigeantes envers l'être aimé qu'envers le reste de leur entourage. Elles croient ainsi faire preuve d'amour, alors que cette tolérance, qui n'a souvent d'autre but que d'acheter la paix, risque de devenir la voie d'accès la plus rapide à l'échec du couple. Si je vis avec quelqu'un qui ne remplit pas mes exigences minimales d'écoute, d'estime et de compréhension face à mes aspirations, comment puis-je être capable de lui dire : « Je suis bien avec toi, j'ai envie d'être avec toi » ? Va-t-on retrouver un ami dont on ne souhaite pas la présence ? Mais beaucoup de gens rentrent à la maison le soir pour y retrouver un conjoint ou une conjointe dont la présence ne leur apporte que peu de satisfaction. Ils ou elles ont oublié de se poser la question ultime : Est-ce que j'ai envie d'être avec l'autre ? Est-ce que je l'aime encore ?

Le cas de Jean-Pierre

Jean-Pierre appelle à notre tribune téléphonique. Il me raconte qu'il vient tout juste de se faire larguer par sa compagne et qu'il n'y comprend absolument rien. Selon lui, sa relation va parfaitement bien et tout aurait dû continuer ainsi pendant de nombreuses années. Je l'interroge sur cette relation :

R.B. : Comment ça se passait dans votre couple ?

J.-P. : Franchement, nous avions tout pour être heureux. J'ai un très bon emploi, nous avions un condo magnifique dans le Vieux-Montréal, je venais tout juste de m'acheter une BMW neuve. Nous allions régulièrement en voyage dans le Sud… Tout était parfait.

R.B. : Je vois. Mais est-ce que votre conjointe était bien là-dedans ?

J.-P. : Vous ne comprenez pas ! Notre vie sexuelle était parfaite, nous avions un cercle d'amis que tout le monde nous enviait, nos carrières montaient en flèche… Nous ne nous disputions jamais… vraiment jamais.

R.B. : Oui, oui, mais est-ce que votre ex était bien avec vous ?

J.-P. : (silence)

R.B. : Dans votre condo, votre BMW, avec vos amis… est-ce que votre conjointe avait envie d'être avec vous ?

J.-P. : Comment ça ? Qu'est-ce que vous voulez dire ? Pourquoi n'aurait-elle pas eu envie de tout ça ? Tout le monde veut ça, non ?

R.B. : Non… (un temps). Pas forcément. Le lui avez-vous demandé ?

J.-P. : Euh… oui… Euh… non… je ne sais pas…

R.B. : Je répète ma question : est-ce que votre conjointe était bien avec vous, est-ce qu'elle avait envie d'être avec vous, d'avoir toutes ces choses avec vous ?

J.-P. : Je suppose que oui… Je ne sais pas.

R.B. : Et elle ne le savait plus. Ou encore, elle a compris à un moment donné qu'elle n'était plus bien avec vous, qu'elle n'avait plus envie d'être avec vous. Alors, elle est partie.

J.-P. : Vous faites erreur, monsieur. Bonsoir. (Il était clair que Jean-Pierre était vexé).

R.B. : Attendez, Jean-Pierre, ne partez pas tout de suite !

J.-P. : Oui, quoi ?

R.B. : Vous, ici, maintenant, de quoi avez-vous envie ?

J.-P. : Mais qu'elle revienne, bien sûr !

R.B. : Non, je veux dire : avez-vous envie d'avoir un condo, un emploi, une BMW et des amis avec elle, ou bien avez-vous envie d'être avec elle ?

J.-P. : Mais je m'en fous de la BMW ! Tout ça, c'était pour elle. Ce que je veux, c'est être avec elle !

R.B. : Bravo, je crois que plusieurs de nos auditrices envient votre petite amie ce soir. Appelez-la donc et dites-le-lui.

J.-P. : Que je l'aime ?

R.B. : (rire) Oui, si vous voulez. Mais dites-lui surtout ce que vous venez de me dire et ce que vous avez dit à nos auditeurs : *J'ai envie d'être avec toi.*

J.-P. : C'est tout ?

R.B. : En tout cas, c'est tout ce qui manque à votre relation.

J.-P. : O.K... (long silence). Merci... Bonsoir. Je peux vous rappeler demain ?

R.B. : Et comment ! Tout le monde est impatient ici et à la maison de connaître la réponse de votre conjointe.

J.-P. : Elle s'appelle Suzanne...

R.B. : Dites bonsoir à Suzanne de notre part.

J.-P. : D'accord.

Jean-Pierre avait oublié la chose la plus importante : il avait négligé d'investir dans l'amour. Obsédé par la volonté de satisfaire les prétendus besoins de sa compagne, il ne l'avait pas vue s'éloigner peu à peu de lui. Par amour pour Jean-Pierre, Suzanne avait accepté son mode de vie, mais elle s'était sentie de moins en moins bien avec lui. Finalement, « l'avoir » a pris le dessus sur « l'être », et l'amour s'est peu à peu effrité. Incapable de dire « Je suis encore bien avec toi », Suzanne n'avait plus envie d'être avec Jean-Pierre. Elle a fait ses valises. Désolé pour les vendeurs de BMW.

Notre première définition de l'amour se résume donc à une seule question : « Est-ce que j'ai envie d'être avec l'autre ? » Cette question s'étale dans le temps et implique que pour aimer, on doit toujours pouvoir dire : « Quoi qu'il arrive, malgré les hauts et les bas de notre vie de couple, je suis encore et toujours bien avec toi. » Cette notion de bien-être permanent suppose en quelque sorte une préférence, un choix. Parce que je suis bien avec toi, c'est ta présence que je préfère à toutes les autres à cette période de ma vie. Autrement dit, « aimer, c'est préférer ».

Tout au long des quatre définitions de l'amour, je vous ramènerai à cette première définition. Indépendamment de la progression du couple vers des stades plus subtils de l'amour, il est impératif de pouvoir affirmer tout au long de la relation : « J'ai envie d'être avec toi. »

Deuxième définition de l'amour : J'ai envie de toi

Voici sans nul doute la définition la plus controversée qui soit à propos de l'amour. Le désir peut-il être considéré comme une forme d'amour en soi ? D'emblée, ma réponse est OUI ! Qui peut prétendre ne pas avoir envie d'être avec l'objet de son désir ? Cette deuxième définition de l'amour découle forcément de la première. Je dois, avant même d'avoir envie d'être avec toi, de te désirer, *être bien avec toi*. C'est ce bien-être qui crée le désir et engendre cette deuxième définition de l'amour : « J'ai envie de toi. »

L'amour entre deux êtres débute par le désir. C'est l'introduction de ce désir qui brise la frontière entre l'amitié et les prémices d'une relation amoureuse. C'est au moment où je suis face à mon envie de l'autre, dès que ce sentiment troublant s'installe, que je commence à me demander si je ne suis pas amoureux de l'autre. Les premiers « j'ai envie de toi », j'ai envie d'être près de toi, de te toucher, de te plaire physiquement ouvrent la porte toute grande au sentiment amoureux.

Sans désir, il n'y a pas d'amour. Le désir est intimement relié à l'amour. Si je cesse de désirer, je cesse d'aimer. Le couple, au sens où nous l'entendons, ne s'actualise que dans un désir physique partagé. Bien sûr, je peux aimer mes enfants, mes amis, mon chat, mais je ne les désire pas. Lorsque je parle d'amour dans l'optique de former un couple, l'amour charnel est indissociable de cette définition.

Cela étant dit, il est tout aussi possible de vivre une situation amoureuse uniquement basée sur un désir mutuel. Ce type d'amour, bien que déroutant, n'en est pas moins un amour véritable. C'est ce qu'on appelle généralement «le coup de foudre». Sans raison apparente, deux êtres se croisent, ressentent une attraction réciproque et sont habités par un besoin impératif d'être ensemble. Puisque ce besoin nous ramène à notre première définition «J'ai envie d'être avec toi», il s'agit donc bel et bien d'amour. Comme notre société prône les relations exclusives et que ce type d'attachement peut également se produire à l'extérieur d'un couple déjà établi, on a tendance à porter un jugement négatif et à le classer dans les erreurs de parcours, les égarements. C'est une méprise. Le désir est une forme d'amour. C'est d'ailleurs une des seules formes d'amour qui apporte presque toujours une satisfaction égale aux deux partenaires. La consommation du désir sexuel induit généralement un état de fusion exaltant entre les amants. N'est-ce pas ce que nous recherchons dans l'amour romantique?

Si le désir découle du bien-être ressenti en présence de l'autre, encore faut-il qu'une fois ce désir assouvi, on ait encore «envie d'être avec l'autre». La relation idéale se vit comme suit:

J'ai envie d'être avec toi

↓

J'ai envie de toi

↓

(Et, une fois mon désir assouvi)
J'ai encore envie d'être avec toi

À l'inverse, si, une fois le désir satisfait, on n'a plus envie d'être avec l'autre, cela veut dire que le sentiment amoureux n'existe plus.

Dans ce type d'amour, si le désir apparaît à l'extérieur du couple et que celui ou celle qui le ressent ne veut pas mettre son couple en péril, il ou elle doit nécessairement apprendre à apprivoiser ce désir. On a tort de croire que tout désir doit être obligatoirement assouvi, qu'il faut le consommer. Nous devons apprendre à le considérer comme un plaisir en soi. Car il y a un plaisir réel à désirer. Lorsque je désire, je vis une expérience sexuelle que je peux ressentir dans chaque partie de mon corps et ce, autant sur le plan physique qu'émotif. Nous devons apprendre à apprivoiser ce plaisir, à le faire nôtre. Apprendre à vivre mon désir pour le plaisir qu'il m'apporte, plutôt que dans son assouvissement, m'ouvre des horizons jusque-là inconnus et me donne la possibilité de faire des choix par rapport à ma vie sexuelle, à mon couple et à mes valeurs. Lorsque je reconnais le désir comme étant un plaisir en soi, je ne me sens plus obligé d'assouvir ce désir. Je trouve donc mon plaisir dans l'être (le désir est un état) plutôt que dans l'avoir (avoir l'autre dans mon lit, consommer mon désir). Reconnaître que je désire, par exemple, une collègue de travail ou un ancien béguin, et accepter ce désir comme un plaisir en soi qui n'a pas besoin d'être actualisé, facilite grandement mes relations avec l'ensemble des femmes ou des hommes que je côtoie et que je pourrais éventuellement désirer.

Le simple fait de reconnaître mes désirs et de les accepter me permet d'avoir un contrôle plus efficace sur mes agissements et ma vie sexuelle.

Le manque de contrôle peut, parfois, devenir un handicap. Combien de fois ai-je entendu des hommes et des femmes me raconter qu'ils regrettaient d'avoir eu une relation extraconjugale ou une relation sans lendemain, mais qu'au moment où l'incident s'était produit, ils n'avaient eu aucun contrôle sur les événements, parce que leur désir anéantissait leur volonté. Notre propre désir nous est étranger. Le fait de reconnaître le désir, le « j'ai envie de toi » comme étant une forme d'amour plutôt qu'un égarement passager nous permet de faire la paix avec ce trouble qui nous atteint, et nous évite de nous juger trop sévèrement. Admettre le désir comme une forme d'amour nous accorde la possibilité de nous réapproprier ce désir. Cette acceptation rehausse l'aspect physique de nos sentiments et nous réconcilie avec le côté charnel de notre être.

Le cas de Simon : lorsque désir et amour se confondent

Quand je travaillais à la radio, je m'étais lié d'amitié avec un tout jeune collègue. Ce technicien très compétent ne se contentait jamais de réponses toutes faites, ce qui nous valait des discussions interminables. Marié depuis peu, il me répétait souvent que son expérience de couple le comblait bien au-delà de ses attentes. Or, un jour, il est entré dans mon bureau dans un grand état de colère. Furieux, il pestait contre tout et rien, ce qui contrastait radicalement avec son calme et sa bonne humeur habituelle. Je n'arrivais pas à saisir quelle mouche avait bien pu le piquer. Après l'avoir fait asseoir, j'ai tenté d'éclaircir le mystère.

R.B. : Que se passe-t-il, Simon, je ne t'ai jamais vu comme ça !

S. : C'est fini, je démissionne !

R.B. : Tu démissionnes ?

S. : C'est impossible, je ne peux plus continuer à travailler comme ça.

R.B. : On t'en demande trop ?

S. : Non, non ! C'est Juliette... Elle m'énerve !

R.B. : Juliette, la nouvelle discothécaire ?

S. : Oui ! Elle est toujours là, autour de moi, à faire mille choses, à entrer et à sortir de mon studio, à sourire... à s'intéresser à moi...

R.B. : Mais tout le monde la trouve charmante, la Juliette ! Et en plus, elle est ravissante !

S. : Je ne suis pas aveugle, je sais bien qu'elle a tout pour elle, et ça m'énerve, ça m'énerve. Elle ne pourrait pas faire attention ?

R.B. : À quoi ?

S. : À moi ! Non ! Plutôt non, pas à moi mais... à moins m'énerver. Pourquoi est-elle toujours aussi gentille, non seulement avec moi mais aussi avec tout le monde, en commençant par vous. Qu'est-ce qu'elle vous trouve au juste ? D'ailleurs, vous êtes toujours ensemble.

R.B. : Qu'est-ce que tu racontes ? Tu es jaloux de ma complicité avec Juliette ?

S. : Quoi, il faut qu'elle se décide ! Je ne vais tout de même pas foutre mon mariage en l'air sans savoir si elle est sérieuse !

R.B. : Comment ça, ton mariage ? Tu as une relation avec Juliette ?

S. : Pas du tout. Pas encore... Vous ne pouvez pas comprendre.

R.B. : Mais... tu es amoureux, toi ! Tu *es* amoureux de Juliette. C'est ça ?

S. : Je ne sais pas. Je ne sais plus... Tout ce que je sais c'est que depuis une semaine, je ne pense qu'à elle. J'ai chaud quand elle est là, je ris pour des riens. J'ai l'air d'un parfait imbécile. Pour l'amour de Dieu, je n'ai plus seize ans ! Je ne sais vraiment plus quoi faire.

R.B. : Et si tu ne faisais rien ? (Simon se lève, rouge de stupéfaction.)

S. : Comment ça, *rien* ! Je ne peux tout de même pas faire semblant d'aimer deux femmes à la fois. Faut être honnête dans la vie.

R.B. : Tu aimes toujours ta femme ?

S. : Évidemment, quelle question !

R.B. : Mais tu aimes aussi Juliette.

S. : Ce n'est pas la même chose… (silence) Avec Juliette, c'est plus physique. Ce n'est pas que ma femme ne soit pas attirante, vous l'avez vue. Mais Juliette, je la désire tout le temps. Une vraie torture. Moi, dans ma tête, il faut que les choses soient claires, et elle, elle complique tout. C'est vous le spécialiste ici. Alors, dites-moi ce que je dois faire.

Je l'ai, bien entendu, laissé partir sans réponse. Mon pauvre Simon confondait désir et amour. Mal préparé à affronter ce genre de situation, il croyait que son attachement pour sa femme le mettait à l'abri de toute nouvelle situation de désir. Il n'avait pas appris à faire la paix avec cet aspect, toujours possible, des relations hommes-femmes, et vivait la situation comme un véritable déchirement. Je crois bien qu'il a fini par comprendre qu'il pouvait fort bien désirer une femme autre que sa propre épouse, sans pour cela devoir obligatoirement assouvir ce désir et mettre ainsi sa relation en péril. Je lui souhaite d'avoir découvert que le désir est un plaisir à part entière et qu'il sera confronté à ce trouble délicieux plus d'une fois dans sa vie d'époux aimant.

Le cas de Ghislain : quand amour et désir ne font pas bon ménage

Ghislain se prépare à quitter le pays pour les États-Unis pour y terminer ses études. Désirant faire une pause avant son départ, il loue une chambre dans une petite auberge de campagne. C'est l'occasion de faire le plein d'énergie avant de faire le grand saut. C'est le début de l'automne, il ne sera pas importuné par une foule de vacanciers, ceux-ci ont déserté les lieux de villégiature depuis plusieurs semaines déjà.

C'est dans cette auberge qu'il fait la rencontre d'Élisabeth. Cette ravissante Anglaise de sept ans sa cadette y travaille au service aux chambres. Une attirance réciproque s'installe immédiatement entre eux et une idylle s'ensuit, intense. Ils sont littéralement laissés seuls à eux-mêmes dans ce lieu propice au romantisme. On dirait que l'été indien, ses couleurs et ses nuits chaudes conspirent pour les unir. Ils vivent donc, sous les regards attendris de la cuisinière, un amour parfumé au muscadet, au fromage de chèvre et à la cuisine du terroir. Ils partent en canot sur le lac tranquille et s'arrêtent de-ci de-là dans les îles pour y faire l'amour. Tous deux savent que leur union sera éphémère et ils en savourent chaque seconde. Pour prolonger ces moments magiques, Ghislain va jusqu'à téléphoner à son directeur de thèse pour lui signifier qu'il sera en retard d'une semaine.

Puis, Ghislain doit partir. Élisabeth et lui se promettent de rester en contact et de se retrouver dès que possible. Au début de leur séparation forcée, les courriels sont quotidiens et diserts. Mais, peu à peu, ils se font de plus en plus courts et de plus en plus rares, pour se transformer en messages laconiques à l'occasion d'un déménagement ou d'un changement d'adresse électronique.

Sept années s'écoulent sans que Ghislain et Élisabeth ne se revoient. Puis, un matin de décembre, Élisabeth reçoit un appel qu'elle n'attend plus depuis longtemps. Ghislain est de retour au pays et l'invite à le retrouver dans un restaurant du centre-ville. Quelle joie pour Élisabeth d'entendre à nouveau la voix de cet homme qu'elle a aimé de façon si brève et si intense ! Émue au point d'en perdre la voix, elle accepte d'emblée l'invitation et se précipite vers le lieu de rendez-vous. Célibataire depuis plus de six mois, elle voit cet appel, ce retour, comme un signe du destin qui lui permettra peut-être, enfin, de trouver l'amour véritable.

Au restaurant, elle ne voit Ghislain nulle part. Se disant qu'il n'est pas encore arrivé, elle s'installe au bar. Puis elle voit, assis à une table de la salle à manger, un homme qui lui fait signe. N'arrivant pas à l'identifier, elle se dit que l'homme s'adresse sans doute au barman. Mais l'inconnu se lève et se dirige vers elle. Il n'est plus qu'à quelques mètres lorsqu'elle le reconnaît. C'est Ghislain ! À vrai dire, c'est un Ghislain beaucoup plus âgé que l'étudiant qu'elle a connu, avec quatre-vingts kilos de plus ! C'est bien lui, tout sourire, heureux comme un roi de retrouver son Élisabeth. Estomaquée, terrassée par le choc, Élisabeth le suit sans mot dire jusqu'à la table qu'il leur a réservée. Il propose de commander « une bonne bouffe ». Élisabeth écoute son ancien amant sans mot dire. Elle n'en croit pas ses yeux ! Cet homme n'est pas enveloppé ou bedonnant, non, il est gros. GROS ! Dès le moment où elle l'a reconnu, Élisabeth a su que ses rêves d'amour véritable venaient de s'envoler. Elle qui prend tellement soin de sa personne ne pourra jamais être amoureuse d'un homme aussi gros. Elle n'éprouve aucun désir pour le Ghislain qui se tient devant elle, une fourchette à la main.

Cette réunion, qui aurait pu être le départ d'une relation prometteuse, se transforme en retrouvailles de vieux copains qui échangent quelques réflexions sur leurs passés respectifs. Élisabeth coupe net toute tentative de flirt de la part de Ghislain, et Ghislain comprend que « son » Élisabeth ne lui appartient plus le moins du monde. Ils se quittent donc une seconde fois, mais sans promesse ni espoir pour le futur. Élisabeth sort du restaurant amère et déçue. Sa bonne éducation lui a interdit d'interroger Ghislain sur sa nouvelle apparence physique, mais, au fond d'elle-même, elle lui en veut de s'être transformé en gros homme bedonnant. Elle sait bien qu'au-delà de l'enveloppe corporelle cet homme est resté le même, mais il lui est impossible d'éprouver du désir physique pour une personne qui souffre d'un tel embonpoint. Elle est incapable de désirer Ghislain, ou même de le trouver beau, malgré leur ancienne complicité romantique, et son amour s'est immédiatement tari, comme étouffé sous le poids de cette nouvelle image.

Le cas de Marie : quand le désir est amour

Marie est journaliste dans un grand quotidien. La quarantaine bien sonnée, elle est mère de deux enfants et partage son existence avec un homme, lui-même père de trois enfants, fruits d'un précédent mariage. Remariée depuis plus de dix ans, elle est fière de faire partie d'un couple stable, qui répond à ses attentes. Dans le cadre de la rédaction d'une série d'articles sur la nouvelle économie, elle fait la rencontre d'un homme d'affaires dont elle doit rédiger le portrait. À peine ont-ils échangé quelques mots qu'ils éprouvent l'un pour l'autre une attirance extraordinaire. Ils en ressentent un certain malaise. Mais aucun ne souhaite voir se rompre ce charme aussi inattendu que déroutant. Leur besoin réciproque d'intimité, de proximité s'exprime avec une gaucherie évidente. Sous les prétextes les plus futiles, ils se rapprochent, se touchent. Regards et corps semblent crier, supplier pour qu'un contact intime se fasse. Il y a longtemps que Marie ne s'est pas sentie aussi belle. Elle est consciente du désir qu'elle éveille chez cet inconnu, tout comme elle se rend compte de l'attraction qu'il exerce sur elle. « C'était tangible », me dira-t-elle. « On pouvait voir les éclairs, l'électricité qui se dégageaient. D'ailleurs, le photographe du journal qui m'accompagnait m'a demandé après l'interview si nous nous connaissions déjà, si nous avions déjà été mariés ensemble ou quelque chose du genre. Après cette rencontre, je n'ai vécu que dans l'attente de notre prochain entretien, qui devait avoir lieu une semaine plus tard. Je suis arrivée au rendez-vous presque une heure à l'avance. Il m'attendait. Cette fois, pas de photographe, nous étions seuls. Il était aussi fébrile que moi. Durant cette semaine qui nous avait séparés, j'avais vécu en imagination un tas de scénarios pour notre deuxième rencontre, mais jamais je n'aurais imaginé ce qui est arrivé. Il s'est approché de moi, très près. Ce simple contact m'a libérée d'une tension insoutenable et a déclenché dans tout mon corps un élan de désir qui faisait battre mes tempes et trembler mes mains. Je n'étais plus mariée, je n'étais plus mère, je n'étais plus journaliste, je n'étais plus qu'une femme amoureuse d'un homme. Il a pris mes mains dans les siennes. Son regard me renvoyait une image de moi qui me disait que j'étais la plus désirable de toutes les femmes de la terre. Je pouvais entendre son cœur battre la chamade. Puis, reculant d'un pas sans desserrer son étreinte, il m'a dit: «Qu'est-ce qu'on fait maintenant? Tu es mariée, moi aussi.» Ces paroles auraient dû m'anéantir, briser toute forme de magie entre nous. Au lieu de cela, elles m'ont fait prendre conscience de la subtilité de mon sentiment pour cet homme que je connaissais à peine. Jamais je n'avais imaginé que ma vie basculerait à cause de lui. J'avais simplement additionné sa présence au reste de ma vie, comme un cadeau, une prime à mon existence. Attirés l'un par l'autre aux confins de la démesure, ni lui ni moi ne souhaitions voir changer nos vies pour ce nouvel amour. Car il s'agissait bien d'amour, je suis suffisamment expérimentée pour savoir reconnaître ce sentiment. Ce que nous avons fait? Rien. Nous avons savouré pleinement ce moment; je l'ai écouté me dire qu'il m'aimait et je l'ai cru. Quelque temps après, le sort nous a réunis à nouveau, lors d'une émission de télévision, et la magie est revenue. Je sais que j'aimerai toujours cet homme et j'ai la conviction qu'il partage ce sentiment. De temps à autre, je regrette de ne pas avoir été jusqu'au bout de mon désir, et je me refuse encore aujourd'hui à fermer la porte à cette éventualité.»

Le cas de Marie n'est pas unique. Bon nombre de personnes vivent des situations amoureuses de ce type, où le «j'ai envie de toi » l'emporte sur toutes les autres définitions de l'attachement. Pour illustrer mes dires, permettez-moi de transcrire ici un article de *France-Presse*, rediffusé le 13 juin 2002 dans cyberpresse.ca :

FLIRTER AU TRAVAIL EST BON POUR LE MORAL

Agence France-Presse

Londres

Une majorité des femmes actives (61 %) pensent que « flirter » sur le lieu de travail est bon pour leur moral, d'après un sondage du magazine britannique Top Santé. *Par ailleurs, 83 % des femmes actives affirment que si un collègue ou un supérieur leur faisait des avances, elles « se sentiraient flattées » et « le prendraient avec le sourire ».*

Seulement 13 % d'entre elles « s'en plaindraient formellement » et à peine 4 %, en revanche, donneraient suite à ces avances, selon cette étude.

Dix pour cent des femmes interrogées ont ainsi eu une aventure avec leur supérieur et, parmi elles, 11 % ont fini par l'épouser tandis que 12 % ont eu une promotion, toujours selon ce sondage.

Selon ce même sondage, trois femmes sur quatre ont affirmé avoir « flirté » avec un collègue et ***28 %*** *avoir eu une relation sexuelle avec un collègue de travail.* (C'est moi qui souligne.)

(Le sondage a été effectué auprès de 5000 femmes actives.)

Troisième définition de l'amour : J'ai envie de partager avec toi

Cette troisième définition de l'amour, tout comme les deux autres, a sa vie propre et ne demande rien d'autre pour être une forme complète d'amour. Bien qu'elle découle souvent des deux premières, il est nécessaire de se rappeler ici que les quatre définitions de l'amour ne sont pas forcément imbriquées dans un processus évolutif. S'il y a un mouvement entre les quatre définitions, il va vers le haut. Une relation saine, constructive, nous ramène invariablement à la même question : « Ai-je toujours envie d'être avec l'autre, suis-je bien avec mon conjoint ? »

L'envie de partager représente le moment le plus romantique de l'amour. Ce type d'expression de l'attachement correspond généralement au début des fréquentations. C'est maintenant que je fais découvrir à l'être aimé les choses et les gens que j'aime. Nous partageons nos restaurants favoris, nos goûts pour la littérature, le sport... C'est à ce moment, à cause de cette envie, que je découvre qui est l'autre. Je lui présente mes amis, ma famille, mon coin de pays, bref, j'intègre l'être aimé à mon univers et il ou elle fait de même.

C'est aussi le moment du piédestal, c'est alors que je montre le meilleur côté de moi-même ; et que l'autre semble être la personne idéale. Évidemment, cette définition semble se confondre avec la première. Mais n'en est-il pas ainsi de toutes les définitions de l'amour ? Si j'ai envie de partager mon univers avec l'autre, c'est parce que je suis bien avec lui, avec elle. En fait, si nous avons démontré qu'il ne peut y avoir d'amour sans désir, il en va de même pour le partage. Une relation qui n'engendre pas de partage risque fort d'être éphémère. Pouvoir partager les goûts et les aspirations de l'autre me permet de vérifier si j'ai toujours envie d'être avec lui, avec elle. Même s'il n'y a pas parfaite communion entre ce qui plaît à mon aimé(e) et ce qui me plaît à moi, il n'en demeure pas moins que certains points communs sont absolument nécessaires à la poursuite de notre relation. C'est précisément cette découverte de l'intimité de l'autre qui me permet de savoir si lui ou elle peut satisfaire les aspirations auxquelles je désire répondre grâce à la vie de couple. Si je découvre, par exemple, que mon nouvel amour est passionné pour sa carrière et que tout le reste passe après, je saurai si j'ai envie de partager cette vision de la vie, de notre éventuelle vie à deux. Est-ce que l'autre désire avoir des enfants? En a-t-il déjà? Comment se comporte-t-il avec moi à l'intérieur de son cercle d'amis? Ce type de partage permet aux valeurs des deux partenaires d'un nouveau couple de s'affronter sur le terrain de la vie sociale et émotive. C'est à ce moment de ma vie que je découvre si je *peux* ou *ne peux pas* partager avec l'autre.

Le choc est parfois brutal. Cette personne charmante avec qui j'ai toujours envie d'être et que je désire me fait soudainement partager des activités qui sont sans intérêt pour moi. Il est possible aussi que l'univers dans lequel l'autre évolue soit si différent du mien que je vais m'y sentir étranger, mal à l'aise. À ce moment, j'ai moins envie d'être avec l'autre. Je suis confronté à la dure réalité de notre première définition de l'amour. Je me sens bien avec l'autre et mon désir physique est toujours aussi intense, mais cette absence de partage jette un voile sur une relation qui me semblait si prometteuse. Au contraire, si le fait de partager avec l'autre m'ouvre un univers qui me charme et me remplit d'admiration, mon désir du corps et de la présence de l'autre n'en sera que renforcé. Cette troisième définition engendre donc une sous-définition, qui est: «*Aimer c'est admirer.*» Parce que j'ai eu envie de partager avec toi et que ce partage a fait grandir notre attachement mutuel, je t'aime davantage, et je t'admire encore plus.

Revenons à notre schéma de départ.

J'ai envie d'être avec toi

↓

J'ai envie de toi

↓

(Et, une fois mon désir assouvi)
J'ai encore envie d'être avec toi

Ce à quoi nous ajoutons :

J'ai envie de partager avec toi

↓

(Et, une fois cette expérience de partage accomplie)
J'ai encore envie d'être avec toi

Comme nous l'avons souligné plus haut, il est possible de vivre une relation amoureuse uniquement basée sur le partage, sans envie de l'autre, sans désir de la présence continuelle de l'autre. C'est le cas lorsqu'on choisit de vivre des événements particuliers avec une certaine personne. *J'ai envie d'être avec toi pour partager certains moments de ma vie*. Je fais référence ici à la complicité extraordinaire que vivent des hommes et des femmes dans l'exercice de leur travail, d'un sport ou d'une activité culturelle. On peut voir se dégager entre eux une véritable affection, un lien très intense qui les unit comme l'est un couple, avec tout ce que cela implique de confiance et de compromis. Nous avons tendance à sous-évaluer ce type d'affection. Cet amour est généralement fécond et apporte une satisfaction indéniable à ceux et celles qui le vivent. Il s'agit bien d'amour car, encore une fois, je peux dire : « Je préfère être avec toi », et « Je t'admire » pour ce que tu m'apportes et parce que tes différences me font grandir. Reconnaître ce type d'affection comme étant de l'amour véritable me permet de mieux comprendre qui je suis, de reconnaître ceux que j'aime, et de découvrir pourquoi je les aime. De plus, en sachant que je suis « amoureux » de telle personne au travail, dans le cadre de mes loisirs ou au sein de ma famille, je comprends mieux les liens qui m'unissent à elle, ainsi que mon attitude vis-à-vis de cette personne.

Un de mes collègues de travail était toujours effondré, presque en larmes, chaque fois que son principal collaborateur lui faisait une petite réprimande. Bien des années plus tard, il a compris que cette réaction était due au fait qu'il avait donné inconsciemment à son collègue le rôle de « conjoint du travail ». Il ressentait une véritable affection pour cet homme qui lui apportait beaucoup et qu'il admirait pour ses talents de négociateur. Alors, chaque fois que celui-ci le réprimandait, il ressentait un désespoir qu'il n'arrivait pas à expliquer. Il ne comprenait pas qu'il avait peur, inconsciemment, de perdre ce : « j'ai envie de partager avec toi ». Et quel fardeau pour celui qui joue ce rôle de conjoint du travail sans le savoir !!!

Outre ces amours plus spécifiques qui ne se vivent que lors de situations définies de partage de tâches ou d'activités, le « j'ai envie de partager avec toi » (ou le contraire) détermine souvent la viabilité du couple.

Julie séduite

Julie est traductrice simultanée à la pige. Elle n'a pas trente ans et elle voyage beaucoup pour son travail, mais elle n'a toujours pas rencontré l'âme sœur. Lors d'un congrès de médecine à Toronto, elle fait la rencontre d'un oncologue de Montréal, plus âgé qu'elle d'une quinzaine d'années. « J'étais assise à ma table, légèrement en retrait des orateurs, lorsqu'il est arrivé, port altier, avec ce petit quelque chose qui semblait dire : *Me voilà, c'est maintenant que ça commence vraiment.* Sa désinvolture m'a piquée au vif. Puis il s'est mis à parler. J'avais de la difficulté à traduire ses propos tellement il me fascinait. Moi qui l'avais trouvé, au départ, ridicule avec ses grands airs, j'étais sous le charme de cet homme à l'allure d'éternel enfant. Ses mains, très belles, se mouvaient avec élégance, renforçant son propos. J'en oubliais de traduire. Il faisait alors une pause, me jetait un regard protecteur, puis reprenait son discours. Il ne pouvait pourtant pas m'entendre, ni savoir si je traduisais ou non : nous étions quatre à traduire en même temps dans nos langues respectives. Néanmoins, chacune de ses interruptions me rappelait à l'ordre et j'avais la nette impression que je rougissais comme une couventine. Je n'arrivais pas à détacher mon regard de cette foutue mèche de cheveux qui pendait nonchalamment sur son front, et que j'aurais volontiers replacée. Je me suis surprise à faire l'inventaire de son corps. Mince, grand, légèrement appuyé sur une de ses longues jambes, il donnait l'impression d'avoir oublié de vieillir. Ses godasses ridicules et ses joues mal rasées mettaient une dernière touche au portrait. Et ce regard qui se posait discrètement sur moi, encore et encore ! Soudain, la vérité m'a éclaté au visage. Non, ses regards n'avaient rien de discret. Cet homme me draguait au grand jour, devant près de trois cents personnalités du monde médical ! Si j'avais pu fondre ou disparaître, je l'aurais fait volontiers. Mais sa voix poursuivait inlassablement son discours dans mes oreilles et je devais rester là et traduire. J'étais prise en otage. Après un moment qui m'a paru interminable, le charme s'est rompu. La voix s'est éteinte, laissant place à un torrent d'applaudissements. Je ne peux dire si ses collègues applaudissaient ses talents d'orateur ou s'ils lui signifiaient leur appréciation pour la performance qu'il avait jouée avec la petite traductrice. Visiblement satisfait de lui-même, il est passé lentement devant ma table et m'a glissé un *merci.* C'est ma collègue de gauche qui a répondu "Il n'y a pas de quoi", comme si les remerciements ne s'adressaient pas directement à moi mais à tout le groupe. J'ai compris alors que tout ce manège était passé inaperçu. Personne n'avait vu quoi que ce soit. Ma collègue a ajouté, sur le ton de la confidence : "Pas mal, le petit docteur, hein !" J'ai dû répondre quelque chose, mais je n'en ai aucun souvenir. Je l'avais échappé belle, c'est tout ce qui comptait.

« Plus tard, à la salle à manger de l'hôtel, il est venu à la table des traducteurs, son assiette à la main. En s'asseyant à côté de moi, il a lancé : "Je peux m'asseoir près de vous ? Si j'entends encore parler de mélanomes et de nævus, je me change en citrouille." Mes collègues ont échangé des regards interrogateurs. Lui était parfaitement à l'aise. Il avait, tout naturellement, traversé la salle à manger de ce grand hôtel, son assiette à la main, comme dans une vulgaire cafétéria, pour aller rejoindre les quatre personnes sur trois cents qui ne faisaient pas partie de la communauté médicale. Puis il s'est mis à parler, tout d'abord à l'ensemble du groupe, puis la conversation a pris la forme d'un dialogue intime entre lui et moi. Je n'ai jamais tant ri de toute ma vie. Spirituel, imprévisible, il avait une manière subtile de présenter les gens et les choses qui aurait fait mourir d'envie n'importe quel humoriste. Il s'appelait Claude, était divorcé, avait deux enfants adolescents et un chat complètement déficient, selon ses dires. Il prétendait être devenu médecin oncologue par défaut, car son père psychiatre n'avait jamais voulu reconnaître sa vocation d'électricien. Il avouait avoir trois passions : les sushis, les hot-dogs et le fado. Il était absolument adorable et complètement fou. Ses mains continuaient à danser dans l'air au rythme de sa voix. Elles ne se sont arrêtées que bien après que les autres occupants de la table aient quitté la salle. Alors, notre entretien a pris une tournure romantique. N'y tenant plus, j'ai finalement replacé cette fameuse mèche sur son front, qui n'en finissait plus d'être rebelle. Je l'ai replacée encore plusieurs fois, cette mèche, la dernière fois alors qu'il dormait dans mon lit.

«Claude n'était pas du genre à s'attarder à ce genre de congrès. Il donnait sa prestation puis s'en allait, ne réapparaissant qu'au cocktail de fermeture. Cette fois, à cause de moi, il y a assisté les trois jours durant. Nous nous retrouvions au repas et en soirée pour poursuivre nos échanges et nos rires. Je n'ai jamais fait l'amour aussi souvent en trois jours. J'aurais voulu prendre la parole devant tous ces gens qui assistaient à la conférence et leur dire : "Oui, le bonheur existe et il s'appelle Claude. J'aime la vie, je vous aime et je l'aime." Moi qui avais toujours vécu avec beaucoup de retenue en amour, je m'abandonnais complètement à cette toute nouvelle relation et je le faisais avec un enthousiasme gourmand.

«J'étais venue seule à Toronto, en train, car je déteste l'avion. Je suis rentrée à Montréal en Jaguar pilotée par l'homme que j'aimais et que j'aurais épousé sur-le-champ. Il m'a déposée à mon appartement, car il était attendu à l'hôpital. Cette séparation m'a fait l'effet d'une déchirure. J'avais vécu trois jours de magie avec lui et je ne pouvais m'imaginer poursuivre mon existence sans sa présence continuelle. J'ai téléphoné tout de suite à ma mère. Comme mes coups de fil à maman sont plutôt rares, elle s'est inquiétée.»

M. : Que se passe-t-il, Julie, ta voix sonne bizarrement, tu sembles fatiguée ?

J. : C'est vrai, maman, je n'ai pas beaucoup dormi ces derniers jours, mais rassure-toi, tout va bien. Tout va même très bien.

M. : Tu manges bien, j'espère ?

J. : Bien sûr. Arrête avec ça ! Écoute, maman, j'ai rencontré quelqu'un.

M. : Tu as rencontré un garçon ?

J. : Pas tout à fait. Disons qu'il est plus âgé que moi.

M. : Un homme marié ?

J. : Divorcé. C'est un médecin.

M. : Ah ! C'est bien ça. Il a des enfants ?

J. : Oui, deux. Pourquoi ?

M. : Je ne sais pas, une intuition, comme ça. Tu le connais depuis longtemps ?

J. : Pas beaucoup, non, trois jours.

M. : Ça doit être important pour que tu me téléphones.

J. : Oui, maman, c'est important. Je n'ai jamais ressenti cela avant. Tu vas l'adorer.

M. : Tu comptes nous l'amener bientôt, à ton père et à moi ?

J. : Dès que possible, oui. C'est un homme très occupé.

M. : Je vois. C'est bien. Mais sois prudente, ma fille.

J. : Qu'est-ce que tu veux dire ?

M. : Julie, ce n'est pas ton genre de t'emballer comme ça. Et puis, je sais qu'il est encore tôt pour t'en parler, mais un homme plus âgé que toi… De combien déjà ?

J. : Quinze ans.

M. : Oui… un gars de 45 ans avec des enfants, et docteur par-dessus le marché, ça a des projets… des besoins différents, tu ne crois pas ?

J. : Ah, maman, tu t'inquiètes pour rien. Ne gâche pas mon bonheur. Je croyais que tu serais heureuse de me savoir heureuse.

M. : Bien sûr que je le suis, ma chouette, mais nous les mères, on s'inquiète toujours. Tu comprends ça, j'espère ? Invite-le à venir nous voir avec toi la prochaine fois que tu viendras à Québec. C'est ton père qui va être content.

J. : Et toi, maman ?

M. : Mais moi aussi, bien entendu ! Si tu l'aimes, c'est tout ce qui compte, après tout.

La mère de Julie n'avait pas tort de s'inquiéter. Au départ, la relation de Julie et de Claude a été en tous points exceptionnelle. Il lui a fait découvrir la grande cuisine asiatique, le fado ; ils ont fait des petits voyages ensemble. Chaque minute avec Claude était un moment de découverte émaillé de rires complices. Mais son horaire de travail compliquait les choses et, dans ses rares moments de liberté, il avait la garde de ses deux adolescents. Vivant tous deux selon des rythmes différents, lui travaillant souvent plus de sept jours d'affilée et elle cueillant ici et là des contrats à la pige, ils devaient arracher au quotidien leurs quelques moments d'intimité. Claude prenait régulièrement des vacances à l'extérieur du pays, question de se refaire une santé après ses journées de travail intense. Évidemment, Julie n'avait ni la disponibilité, ni les moyens de suivre son amoureux : elle ne pouvait se permettre de refuser des contrats, ni le laisser payer continuellement la note. Leurs univers n'arrivaient pas à se croiser vraiment. Claude s'ennuyait avec les amis de Julie ; elle se sentait comme une étrangère dans les cercles mondains où il frayait. Ce fut d'ailleurs leur premier sujet de dispute.

J. : J'ai l'air d'une parfaite ignorante avec tes amis. Vous passez tout votre temps à parler de choses que je ne comprends pas !

C. : Voyons, Julie, tu exagères !

J. : Pas du tout ! Et puis, j'ai toujours l'impression d'être en retard avec toi : les livres que j'aurais dû lire, les films que je n'ai pas vus... les pays où je ne suis pas allée... Vous avez passé la soirée à parler de vos voyages en Chine ! Je n'y suis jamais allée, moi, en Chine ! Je suis fatiguée de me sentir stupide et de passer mes soirées à dire « Ah oui ! Ah bon ! » et à sourire en espérant que vous allez enfin traiter d'un sujet qui m'est un tant soit peu familier !

C. : Je suis désolé, chérie, je ne m'étais pas rendu compte...

J. : Mais non, tu ne peux pas comprendre ! Tu ne me vois même pas lorsque tu es avec tes amis. Tu m'oublies là, puis tu me récupères à la fin de la soirée. Je ne suis pas une de tes internes, moi, ni un bibelot qu'on expose pour la galerie !

C. : Tu sais très bien que je ne fais pas ça avec toi. Mais je comprends que tu sois fâchée. C'est ma faute. Si on prenait une semaine ou deux de vacances en Europe ? Ça nous donnerait l'occasion d'avoir un peu de temps ensemble, loin de tout ça.

J. : Mais, Claude, je ne peux pas !

C. : Allons, c'est moi qui te l'offre.

J. : Mais non ! Je ne veux pas que tu paies toujours tout pour moi. Quand tu le fais, je me sens comme une gamine avec son père. Et de toute façon, j'ai des engagements que je ne peux pas déléguer à des collègues, comme tu le fais, toi. Et partir n'arrangerait rien. Je suis désolée, moi aussi. C'était tellement plus facile avant.

Malgré toute la bonne volonté de Julie, il devenait évident qu'elle ne pouvait plus partager avec son bien-aimé. Incapables de vivre ensemble des moments privilégiés de partage, leur relation s'est effritée et est devenue banale. Julie n'arrivait pas à se convaincre qu'elle apportait quoi que ce soit à Claude. Pire, elle n'en finissait pas de se sentir diminuée en sa présence, écrasée par son savoir, ses relations, sa fortune.

« Comme j'avais l'impression de ne rien lui apporter, j'en suis arrivée à ne plus avoir envie d'être avec lui, car je n'arrivais plus à partager avec lui. Nous avons tenu cette relation à bout de bras pendant un peu plus de six mois. Les choses auraient peut-être été différentes si nous avions pu vivre ensemble, mais encore là, je n'étais pas prête à jouer les mères par procuration ni à m'installer dans une maison que je n'aurais jamais pu me payer moi-même. »

Au-delà du désir physique et de la bonne volonté réciproque, le couple n'a pas survécu à l'impossibilité de partager. Incapables de trouver des espaces communs pour bâtir un projet de couple, ne pouvant plus répéter ce « j'ai envie de partager avec toi » si nécessaire, ils n'ont pu jeter les bases essentielles à la survie de leur relation.

Précisons ici que « partager », c'est se mettre à nu. En faisant découvrir à l'autre ce que j'aime, je lui fais invariablement découvrir, avec le temps, qui je suis. Même si, au départ, il est facile de n'exhiber que les plus beaux côtés de sa personne, l'expérience de partage, additionnée à la durée, aura vite pour effet de dévoiler les valeurs et les facettes de la personnalité que l'on n'a pas mis de l'avant lors du processus de séduction, consciemment ou non. C'est grâce à cette projection dans le temps du « j'ai envie de partager avec toi » que l'on sait si un nouveau couple a une longue espérance de vie. Je saurai si j'ai *encore et toujours* « envie de partager avec toi ». C'est ce qui rend cette troisième définition si cruciale.

Le cas de Denis : quand le partage devient amour

Denis appelle à la tribune téléphonique. Un sexologue coanime l'émission avec moi.

D. : Bonsoir, messieurs, félicitations pour votre émission.

R.B. : Merci.

D. : J'ai une question à poser à votre invité.

R.B. : Nous vous écoutons.

D. : Bon, voilà. Est-il possible de tomber amoureux d'une femme qu'on ne désire pas ?

S. : Pourriez-vous être plus précis ?

D. : Eh bien, il y a cette femme avec qui je travaille. C'est mon adjointe. Quand je l'ai embauchée, il y a quelque temps, mes collègues m'ont taquiné en disant que je ne l'avais sûrement pas sélectionnée pour sa beauté. C'est vrai qu'elle n'est pas particulièrement jolie. Du moins, disons qu'elle ne correspond pas à mes critères de beauté. Mais c'est quelqu'un de formidable. Jamais je ne me suis senti aussi bien avec une femme. Elle est imaginative, amusante, et elle fait toujours tout mieux que ce que je n'ai espéré.

S. : Et vous êtes amoureux d'elle ?

D. : Je crois que oui.

S. : Qu'est-ce qui vous fait dire cela ?

D. : Toutes sortes de choses. Rien de bien précis. Je suis heureux quand elle est là. Je n'arrive pas à quitter le bureau avant elle. Je crois que si elle quittait l'entreprise, j'en serais très malheureux.

S. : Le moins qu'on puisse dire, c'est que vous semblez avoir beaucoup d'admiration pour cette femme.

D. : C'est vrai. La vie au bureau… non, *ma* vie au bureau n'est plus la même depuis qu'elle est là. Mais ce qui me dérange, c'est que je ne la trouve pas belle… Je dirais plutôt qu'elle n'est pas du tout mon type… Et en même temps, j'ai toujours envie d'être avec elle… de lui parler, de la voir sourire…

S. : Intéressant. Vous savez, les canons de beauté ne sont pas les seuls éléments qui déclenchent le désir. Par chance, car sinon il n'y aurait que les belles et les beaux qui seraient en couple. Une foule d'autres critères entrent en ligne de compte. Mais je ne m'étendrai pas là-dessus maintenant. Voulez-vous faire un petit exercice avec moi ?

D. : D'accord. Je vous écoute.

S. : Dites-moi, êtes-vous capable de vous imaginer en train de faire l'amour avec cette femme ?

D. : Maintenant ?

S. : Maintenant ou n'importe quand.

D. : (rire) Oui... Là, vous touchez un bon point. Disons que c'est mon plus grand problème actuellement au bureau. J'arrive difficilement à me concentrer quand elle est trop près de moi. Mon imagination me joue des tours. Je m'étonne moi-même. J'ai toujours envie de la toucher, il faut que je me raisonne, que je me contrôle.

S. : Vous l'avez déjà touchée?

D. : Dans quel sens?

S. : Vous est-il arrivé de la prendre par la taille, de lui toucher le bras, l'épaule, de l'embrasser pour son anniversaire? Des choses simples, quoi!

D. : Quelquefois. Discrètement.

S. : Et quelle a été sa réaction?

D. : Je n'ai jamais pensé à cela. Disons qu'elle a semblé bien prendre la chose.

S. : Alors, là, c'est vous qui marquez un point.

D. : C'est-à-dire?

S. : Cessez de vous raconter des histoires, mon vieux, non seulement vous désirez cette femme, mais elle semble fort bien accepter vos avances.

D. : Là, vous y allez fort! (rire) Je crois que vous avez raison pour la première partie. Oui, elle me plaît, même si elle n'est pas... disons... une beauté conventionnelle. Pour ce qui est de mes avances... je n'en dirais pas autant. Disons que parler n'est pas mon fort. Vous savez, au fond, j'espère presque qu'elle écoute l'émission en ce moment. Je pense que ça m'éviterait bien des ennuis.

S. : Et peut-être aussi bien du plaisir?

D. : Ouais... il faut que je réfléchisse à ça. Merci à vous deux. Continuez votre bon travail.

Denis est venu me voir un soir après une de mes conférences. Il n'était pas seul. Son adjointe l'accompagnait. Convaincu que cette situation devait prendre fin, il s'était résigné à avouer son « attirance » à sa collègue, souhaitant ainsi alléger leur relation par l'honnêteté de ses propos. Il lui a dit qu'il était mal à l'aise dans leur relation quotidienne, car son jugement professionnel était altéré par son penchant pour elle. « Moi aussi », a répondu la jeune femme. Elle lui a avoué qu'elle éprouvait les mêmes sentiments pour lui. Portés tous deux par cette complicité remarquable, leur prédisposition au partage a ouvert toute grande la porte à des sentiments plus intenses. Après tout, Denis n'avait-il pas choisi cette femme dès le départ ? Ses critères de sélection, pour choisir une nouvelle adjointe, concordaient avec ce qu'il désirait d'une personne avec laquelle il pourrait partager. Le « j'ai envie de partager avec toi », l'admiration qu'il porte à son adjointe l'ont amené à dépasser ses propres conceptions de l'amour et de l'attirance sexuelle. C'est la capacité et le plaisir du partage qui ont engendré le désir physique, plutôt que l'inverse. Leur relation de travail leur a fait découvrir qu'ils avaient « envie d'être l'un avec l'autre », qu'ils partageaient avec plaisir, et que cette « envie de partager » se propageait à l'extérieur de leur vie professionnelle. Il ne restait qu'un tout petit pas à franchir pour que le désir, le « j'ai envie de toi » s'installe, annonçant le début d'une relation amoureuse. C'est ainsi que l'adjointe s'est transformée en conjointe.

N'en est-il pas ainsi pour plusieurs d'entre nous ? C'est souvent le plaisir que nous éprouvons à partager avec une autre personne qui nous démontre que cette personne est digne d'une attention particulière. C'est beaucoup plus que le simple fait de la trouver physiquement attirante. Être en mesure d'affirmer « J'ai encore et toujours envie de partager avec toi » permet d'ancrer les assises d'un couple, qui survivra aux assauts que le temps réserve immanquablement à l'enveloppe corporelle. Amoureux de ce que l'autre me fait partager, de ce que je construis avec elle ou avec lui, j'ai en main un bon trousseau de départ pour me lancer dans l'aventure ultime, dans le « j'ai envie de partager MA VIE avec toi ».

Quatrième définition de l'amour : J'ai envie de partager ma vie avec toi

Je regardais un soir un vieux film en noir et blanc à la télévision. C'était une comédie d'espionnage des années cinquante. L'intrigue tournait principalement autour d'un pseudo-détective privé qui tente de sortir une jeune femme d'un imbroglio. Dès le début du film, le monsieur se présente à la dame sous une première identité. La dame lui demande s'il y a une madame Untel dans sa vie, autrement dit, s'il a une épouse, et le monsieur répond que oui. La dame est déçue. Plus tard, le détective avoue qu'il a utilisé une fausse identité. Alors, la dame repose sa question : « Y a-t-il une madame Untel dans votre vie ? » Même réponse, même déception. Ce petit manège du changement d'identité se poursuit tout au long du film, jusqu'à ce que le détective déclare : « Oui, il y a une madame Untel dans ma vie. Ma mère. » Dès lors, c'est le bonheur. Monsieur est libre pour le mariage ; l'amour entre la dame et son sauveur est possible. *Happy End*.

C'est, malheureusement, la perception que nous avons souvent de l'amour : cette idée que le véritable amour ne peut réellement s'exprimer que dans la vie commune, et que tout le reste n'est qu'un fade succédané du bonheur. Mais cette vie de couple au quotidien n'est-elle pas la résultante d'un processus amoureux plutôt qu'un objectif à atteindre ? La vie de couple n'est qu'une façon de vivre et d'exprimer son amour. En partant du principe que cette vie en commun découle d'une envie, d'un « J'ai envie de partager ma vie avec toi », il faut mettre en évidence le fait que c'est encore *l'envie* qui prime. J'irai plus loin en disant que c'est au moment où je ne peux plus concevoir ma vie sans la présence permanente de l'autre, lorsque l'assouvissement de ce désir devient la seule et unique façon de voir grandir mon amour, que je devrais me lancer dans l'aventure de la vie à deux. C'est lorsque le «j'ai envie de partager avec toi» ne suffit plus car, maintenant, «j'ai envie de partager *tout le temps* avec toi», que le «j'ai envie de partager ma vie avec toi» devient impératif.

En ce sens, le phénomène d'appropriation cité au début de ce livre prend tout son sens. C'est moi, «j'ai», qui ai besoin, «envie» de partager ma vie avec l'autre. Cette façon de vivre l'amour devient donc un choix conscient, bien plus que l'application d'une recette qui mène invariablement au bonheur et à la fin du film.

Mais non! L'histoire ne s'arrête pas avec la vie de couple, elle ne fait que commencer. C'est au sein de la vie de couple que je mettrai à l'épreuve l'ensemble des définitions de l'amour, et c'est à travers ce vécu que je saurai si je suis encore bien avec l'autre, si je peux continuer à dire: «J'ai envie d'être avec toi».

Ce qui nous ramène à notre schéma de départ.

J'ai envie d'être avec toi

↓

J'ai envie de toi

↓

(Et, une fois mon désir assouvi)
J'ai encore envie d'être avec toi

↓

J'ai envie de partager avec toi

↓

(Et, une fois cette expérience de partage accomplie)

J'ai encore et toujours envie d'être avec toi

↓

À un point tel que nous ajoutons :

↓

J'ai envie de partager ma vie avec toi

Bien que notre schéma se termine par « J'ai envie de partager ma vie avec toi », rien ne se termine par cette définition. Il serait naïf de croire qu'il ne faut pas toujours être en mesure d'affirmer : « J'ai envie d'être avec toi ». En réalité, plus je progresse, plus il est nécessaire que je me rattache à la première définition. Ce qui nous amène au schéma final :

J'ai envie d'être avec toi

↓

J'ai envie de toi

↓

(Et, une fois mon désir assouvi)

J'ai encore envie d'être avec toi

↓

J'ai envie de partager avec toi

↓

(Et, une fois cette expérience de partage accomplie)

J'ai encore et toujours envie d'être avec toi

À un point tel que nous ajoutons :

↓

J'ai envie de partager ma vie avec toi

↓

(Et, ayant vécu cette vie commune avec toi)
J'ai toujours envie d'être avec toi

Tout comme il est difficile aux célibataires de vivre avec les pressions sociales qu'on exerce sur eux pour qu'ils rentrent dans le rang des « accouplés », il est difficile pour les couples de résister aux pressions sociales qui s'exercent sur eux pour qu'ils partagent le même toit au plus vite.

Durant la période de questions qui suivait l'une des conférences que je donnais à un groupe de séparés et de divorcés, un homme qui y avait assisté en prenant beaucoup de notes m'a demandé :

– *À votre avis et selon votre expérience, il faut combien de temps, en moyenne pour atteindre la quatrième étape ?*

Il faisait référence à la quatrième définition. Bien que j'aie insisté tout au long de mon exposé sur le fait que chacune des définitions est une forme d'amour à part entière, mon élève attentif, lui, avait perçu tout cela comme un schéma évolutif dont le but était la quatrième définition. Je lui ai demandé de clarifier sa question. Ce qu'il a fait.

– *Selon vous, à partir du moment où je rencontre une femme jusqu'au moment où nous allons vivre ensemble, et de façon à respecter chacune des étapes, il doit s'écouler combien de temps ? Six mois ? Deux ans ?*

Ma réponse l'a stupéfié.

– Voyez-vous, monsieur, comme le plus important dans tout cela ce n'est pas d'atteindre la dernière définition mais d'être toujours en mesure de revenir à la première, je vous dirai que cela peut prendre toute une vie. Dans votre dernière vie de couple, vous a-t-il été possible, au fil des années, d'affirmer « J'ai envie d'être avec ma conjointe » ? À un moment donné, vous avez sans doute répondu « non » à cette question. Si, aujourd'hui, vous avez à nouveau quelqu'un dans votre vie, avec qui vous êtes bien, alors misez là-dessus. Il n'est pas indispensable que vous viviez ensemble. Par contre, ce qui est primordial, c'est que vous soyez toujours heureux d'être ensemble. Car, à travers toutes ces définitions, n'est-ce pas ce que nous recherchons tous : être heureux ?

Bien sûr, la vie de couple est une forme extraordinaire d'expression de l'amour et nous y aspirons tous à l'un ou l'autre moment de notre vie. Comme nous l'avons vu dans la section « L'impossible célibat », la vie à deux permet de grandir, de s'épanouir en étant constamment confronté au reflet que l'autre nous renvoie de nous-même. Le quotidien partagé est pratique, intéressant du point de vue budgétaire et confortable. C'est l'incubateur par excellence pour des projets de vie complexes et épanouissants qui s'étaleront dans le temps.

Le cas peu banal d'Adrien et de Gisèle

J'aurais pu vous raconter maintenant l'histoire d'un homme et d'une femme qui entreprennent leur vie de couple pour combler leurs envies respectives de construire ensemble un amour durable et, éventuellement, de fonder une famille. Mais cette histoire, vous la connaissez déjà ; c'est peut-être la vôtre. Je vous propose plutôt celle d'Adrien et de Gisèle, qui ont transcendé bien des interdits pour vivre leur amour.

Adrien est prêtre catholique et curé de paroisse. Il exerce son sacerdoce depuis fort longtemps. C'est un excellent communicateur et un homme de foi. Respecté par ses collègues et ses paroissiens, il a une vie bien remplie par son travail et n'a pas perdu un iota de son enthousiasme en ce qui a trait à sa tâche d'évangélisateur. Il partage plusieurs responsabilités avec Gisèle, qui est agente de pastorale dans sa paroisse. Au fil des ans, ils ont développé une complicité qui les a unis davantage, tout en rendant leurs tâches plus agréables. Mais un jour, ils doivent se rendre à l'évidence : cette complicité s'est transformée en attirance réciproque et, évidemment, le désir s'est mis de la partie. Ils vivent pratiquement ensemble depuis des années ; Gisèle est présente au presbytère presque sept jours par semaine. Ils partagent projets, succès et échecs et ont, au fil des ans, développé une admiration et un respect mutuel. Bref, ils ont toujours hâte de se retrouver.

Ce désir réciproque qui survient de façon inattendue complique inévitablement les choses. Adrien, qui veut rester fidèle à ses vœux, s'efforce de nier cet état de fait, ce qui ne fait qu'enflammer son désir. Gisèle, qui veut prouver sa bonne volonté et sa compréhension, demande à être réaffectée dans un autre diocèse. C'est cette séparation qui déclenche tout. Adrien ne dort plus, Gisèle pleure constamment. Privés l'un de l'autre, ils vivent cette déchirure comme un véritable deuil. Pour Adrien, aimer une femme signifie la fin de sa vie au sein de l'Église. S'il cesse d'être prêtre, que deviendra-t-il ? Il ne s'est jamais identifié que par sa fonction d'homme d'Église. Et que fait-on dans la vie quand on quitte la prêtrise ? Une nouvelle carrière est un défi presque impossible ; il ne peut même pas l'envisager. De son côté, Gisèle vit avec un sentiment de culpabilité constant. Elle se refuse à éloigner l'homme qu'elle aime de Dieu. Elle en arrive à douter de sa foi. Elle se demande si ce Dieu qui est « amour » peut vraiment séparer deux êtres qui s'aiment.

Adrien se présenta chez Gisèle un soir de neige et d'éternelle insomnie. Quand elle l'aperçut sur le pas de la porte, elle se rua littéralement sur lui. Après une étreinte qui dura plusieurs minutes, Adrien lui demanda de l'épouser. Toutes les raisons du monde, toute la foi du Ciel et tous les vœux de l'Église ne pouvaient empêcher le cœur d'Adrien de battre pour Gisèle. Elle rit et pleura à la fois. Puis elle lui signala que, pour l'épouser, il devait d'abord entrer dans la maison ! Et qu'il devrait renoncer à ses vœux. Adrien et Gisèle passèrent leur première nuit ensemble. Il dormit comme un enfant ; elle cessa définitivement de pleurer. Quelques jours plus tard, après de longues discussions avec son évêque, Adrien lui remit les clefs du presbytère et s'installa en banlieue avec la femme qu'il aimait.

Confrontés à l'impossibilité de s'aimer sans partager leur existence, Adrien et Gisèle ont accepté de renoncer au confort d'une vie bien établie et d'affronter les jugements de toute une communauté pour pouvoir vivre pleinement leur amour. Pour l'un comme pour l'autre, il était devenu impossible de vivre leur amour autrement. Le « j'ai envie de partager ma vie avec toi » s'est imposé comme une condition *sine qua non* à l'épanouissement de leur amour.

La petite histoire de Gilles et de Lise

Gilles et Lise se sont connus alors qu'ils étaient enfants. Vivant dans le même quartier, ils ont partagé les mêmes jeux, ont fréquenté le même groupe d'amis, les mêmes écoles. Puis la vie les a séparés. Quarante ans plus tard, il est veuf ; elle est divorcée. Après une rencontre inattendue dans un centre commercial, une idylle naît spontanément entre eux. Lise s'installe chez Gilles. Ce déménagement va de soi, car Lise était toujours chez Gilles. Ils se connaissent depuis l'enfance et ont toujours eu le béguin l'un pour l'autre. Gilles est convaincu que cette nouvelle relation lui apportera le confort et le sentiment de sécurité que l'on ressent quand on enfile ses vieilles pantoufles. Le problème, c'est que ce supposé confort se transforme, au fil des jours, en une suite incessante d'ajustements et de concessions. C'est à ce moment de la relation qu'il téléphone à la tribune téléphonique. Ce soir-là, ma coanimatrice est la propriétaire d'une agence de rencontre de Montréal. Dès le début de l'émission, elle a déclaré aux auditeurs qu'étant donné son âge et son expérience, elle est désormais plus apte qu'au début de sa carrière à conseiller efficacement sa clientèle.

R.B. : Nous enchaînons avec un appel de Gilles, de La Prairie. Bonsoir, Gilles.

G. : Bonsoir à vous deux.

R.B. : Bonsoir. Quelle est votre question ?

G. : Eh bien, je voudrais savoir s'il est normal, à cinquante ans, d'avoir de la difficulté à vivre en couple.

A. : Il y a longtemps que vous vivez en couple ?

G. : C'est la deuxième fois. J'ai été marié pendant plus de vingt ans, mais ma femme est décédée. Je vis avec une nouvelle femme depuis quatre mois.

A. : Et c'est maintenant que vous trouvez difficile de vivre à deux ? Est-ce que c'était la même chose avec votre première femme ?

G. : Non, pas du tout. Avec elle, ça a toujours été assez facile, mais je me dis que j'ai dû, avec l'âge, devenir plus difficile, ou moins tolérant… Je suis peut-être devenu un vieux garçon ? (rire)

A. : Je ne crois pas que l'âge ait quoi que ce soit à voir là-dedans. Dites-moi, votre nouvelle conjointe, vous la connaissez depuis longtemps ?

G. : Ah ça oui ! (rire). Nous nous sommes connus à la petite école. Nous avons grandi dans la même rue. On s'est retrouvés par hasard depuis un peu plus de six mois.

R.B. : Et vous vivez déjà ensemble !

G. : Oui. Ça peut paraître rapide, mais nous nous connaissons depuis toujours, ce n'est pas comme si nous étions un jeune couple qui commence dans la vie. Et puis, c'était un peu ridicule de payer deux maisons pour rien, d'avoir deux réfrigérateurs, deux salons… De toute façon, Lise passait le plus clair de son temps chez moi depuis nos retrouvailles. Nos enfants ne sont plus à la maison non plus… Je ne vois pas pourquoi nous aurions attendu inutilement. Alors, elle a déménagé dès juillet.

A. : Bien sûr… Mais si je comprends bien, vous n'êtes pas très à l'aise dans votre nouvelle relation.

G. : Oui et non… Je perds facilement patience ; je ne suis pas aussi heureux de la retrouver en fin de journée que je le souhaiterais… Ce n'est pas ce à quoi je m'attendais. J'ai souvent envie d'être seul… de regarder la télé, de lire… Mais avec Lise à la maison, je n'ose pas. Moi, je voudrais bricoler, passer l'été dans le jardin, prendre mon temps. Elle, elle veut voyager, recevoir des amis ou ses enfants le week-end… discuter… discuter…

A. : Vous dites que ce n'est pas ce à quoi vous vous attendiez. Vous vous attendiez à quoi, au juste ?

G. : À rien en particulier, mais je croyais que ce serait plus facile. Depuis la mort de ma femme, je me disais que si je rencontrais une autre femme, ça réglerait plusieurs de mes problèmes. Je n'aime pas vivre seul. J'ai l'impression d'être inutile. Je n'étais jamais à la maison. Aujourd'hui, j'ai du mal à rentrer. Je me sens de trop, je ne me sens plus chez moi. Je ne sais vraiment pas ce que je veux.

R.B. : Au contraire, moi je crois que vous savez très bien ce que vous voulez. Le problème ne se situe pas là. Pourquoi avez-vous accepté de vivre avec Lise ?

G. : Je n'ai rien accepté du tout. La question ne s'est même pas posée. Elle est venue s'installer tout bonnement comme ça… parce que c'était la chose à faire.

R.B. : Alors, vous me dites que vous n'avez pas choisi cette vie à deux. La vie a choisi à votre place. Vous vivez ensemble pour ne pas payer deux frigos ou parce que vous n'avez plus l'âge des longues fréquentations… C'est ça ?

G. : Présenté comme ça, ça semble absurde, en effet. Mais qu'est-ce que vous vouliez qu'on fasse ? Qu'on sorte ensemble, *les bons soirs*, comme des adolescents ?

A. : Moi, je ne veux rien. Mais vous… qu'est-ce que vous voulez ? Ne croyez-vous pas qu'il serait temps de vous demander si vous aviez vraiment envie de vivre avec Lise quand elle a emménagé chez vous, et si vous avez encore envie aujourd'hui de vivre avec elle ? Qu'est-ce que vous voulez ?

G. : C'est une bonne question… Je sais que ça va vous paraître enfantin, mais j'ai envie d'être amoureux… Je voudrais que ce soit aussi magique que le jour où je l'ai retrouvée. Au lieu de cela, notre vie est morne, banale. En vous parlant, je crois que j'ai trouvé ce qui ne va pas chez moi… Je m'ennuie dans tout ça.

A. : Alors, combattez l'ennui, mon cher ami. Sortez avec Lise. Allez prendre des cafés, allez au théâtre, amusez-vous. Faites ce que vous avez oublié de faire ; découvrez-vous l'un l'autre. Ces fréquentations que vous avez négligées au départ, il n'est jamais trop tard pour les vivre. Oui, redevenez des adolescents. C'est, de toute façon, à ce moment-là de votre vie que vous avez été séparés. Il est donc important de reprendre votre relation là où vous l'avez interrompue. En vivant tous ces moments de partage avec votre nouvelle femme, vous allez peut-être découvrir des raisons qui vous sont encore inconnues de vouloir vivre avec elle. Vous serez plus que jamais en mesure de choisir de vivre avec elle pour des raisons plus sérieuses que l'âge et l'argent.

G. : Alors, je fais quoi ? Je lui dis de déménager ?

A. : Ça, c'est à vous de décider. Je commencerais d'abord par lui en parler. Dites-lui ce que vous nous avez dit : J'ai envie d'être amoureux de toi, de retrouver la magie de nos débuts, mais notre vie au quotidien m'apparaît banale et m'empêche d'être bien avec toi. Vous verrez comment elle réagira. Peut-être vit-elle le même genre de frustrations que vous.

G. : Je ne serai jamais capable de lui dire ça...

R.B. : Moi, je crois que oui. Vous nous l'avez bien dit à nous, non ?

G. : C'est vrai... Vous m'en faites faire des choses, vous deux ! Ça fait longtemps que je voulais vous téléphoner et je pense que j'ai eu de la chance d'avoir la ligne ce soir.

R.B. : C'est Lise qui a de la chance d'avoir quelqu'un dans sa vie qui ne baisse pas les bras devant les difficultés. C'est tout à votre honneur, Gilles.

G. : Bon, bon. N'en mettez pas plus qu'il n'en faut. Je vais réfléchir à tout ça. On verra bien... Continuez votre beau travail. Bonsoir.

A. : Bonsoir, Gilles, amusez-vous bien.

Gilles et Lise tenaient pour acquis qu'ils pouvaient aisément passer de la première définition de l'amour « Je suis bien avec toi », à la quatrième définition, qui conduit à la vie en commun. Le hic, c'est qu'ils oubliaient l'essentiel, le « j'ai envie de toi ». Avaient-ils vraiment « envie de partager » leurs vies ? Partant d'une envie commune d'être ensemble, ils ont conclu que la seule façon d'assouvir cette envie était la vie à deux. Ils se sont abstenus d'actualiser le « j'ai envie de partager avec toi » par souci d'économie, et ils se sont privés du privilège de découvrir les aspirations communes qui allaient leur permettre de bâtir, avec le temps, un véritable projet de vie de couple. Mal à l'aise dans une relation basée davantage sur un modèle préétabli par la société plutôt que sur des désirs identifiés et partagés, leur amour s'est retrouvé rapidement en péril, incapables qu'ils étaient d'affirmer : « J'ai encore envie d'être avec toi ».

Avant de poursuivre, ce petit résumé :

LES 4 DÉFINITIONS DE L'AMOUR

A) J'ai envie d'être avec toi
- Je suis bien avec toi
- Je te préfère

B) J'ai envie de toi
- Je te désire

C) J'ai envie de partager des choses avec toi
- Je t'admire

D) J'ai envie de vivre avec toi
- Je ne peux plus actualiser mes envies autrement

Les 4 définitions sont égales en valeur et en intensité

L'important n'est pas d'arriver à D, mais de toujours pouvoir revenir à A

Plus il m'est difficile de revenir à A, plus grands sont les risques d'échec

Aimer, c'est avoir envie. C'est un processus qui m'appartient, car il repose sur le «je» et sur *mon* désir, *mon* «envie». Évidemment, les quatre définitions peuvent apparaître comme un processus évolutif, car la première entraîne souvent la seconde et ainsi de suite. Cependant, contrairement à tout autre processus évolutif, il n'est pas unidirectionnel. Au contraire, le processus amoureux implique impérativement un mouvement continu vers sa source, un retour à la case départ, au A: «J'ai envie d'être avec toi.»

Des recoupements étranges

Tout comme Lise et Gilles ont sauté de la première à la quatrième définition, certains font parfois des amalgames avec les définitions qui ressemblent souvent à des acrobaties amoureuses.

Une collègue de ma femme ne se permettait de vivre que la deuxième définition de l'amour. Toute sa vie affective était centrée sur ses désirs physiques. Amèrement déçue par ses expériences de vie de couple passées, elle se refusait au partage et passait inlassablement d'un amant à l'autre, laissant dans son sillage plusieurs prétendants désappointés de ne pouvoir poursuivre la relation sur d'autres plans.

Mon ami Normand est sans contredit le roi de ces recoupements étranges. Il a dans sa vie deux types de relations avec les femmes. Le premier repose sur la première et la troisième définition de l'amour. Il a donc des «copines», avec qui il a «envie d'être» et avec qui il a «envie de partager». Ces femmes sont généralement instruites, cultivées. Elles ont beaucoup de classe. Avec elles, il sort, voyage, partage et discute, mais il ne les désire pas. Précisons que Normand a le *look* d'une vedette de cinéma. Ses «copines» finissent donc invariablement par être séduites et comprennent mal le fait que la relation reste sur le plan intellectuel et platonique. Invariablement, Normand perd ces «copines», car elles finissent par avoir des envies qui outrepassent la simple relation d'amitié. Incapables de vivre ni la deuxième ni la quatrième définition de l'amour avec Normand, elles passent leur chemin et se tournent vers quelqu'un qui est prêt à leur offrir une relation qui comblera l'ensemble de leurs besoins affectifs.

Le deuxième type de relation amorcée par Normand repose sur la deuxième et la quatrième définition de l'amour. C'est-à-dire qu'il choisit des femmes qu'il désire, mais avec qui il a trop peu d'affinités pour partager sa vie et son appartement. Comme il se sent coupable de ne les amener que dans son lit, il leur ouvre la porte de son nid, et ses «blondes» s'installent dans une vie à deux convaincues d'avoir déniché l'homme de leurs rêves. Immanquablement, la relation tourne au vinaigre. Vivant avec une femme avec qui il n'a ni envie d'être ni envie de partager et basant son choix sur le seul aspect du désir, il finit par mettre fin à la relation. Et mon copain Normand déménage une fois de plus ! Je l'ai si souvent aidé à déménager que j'ai acquis une expérience qui me permettrait, dès demain, de devenir peintre en bâtiment ou déménageur professionnel !

Mon pauvre Normand fait du 1-3 ou du 2-4. Et il se demande toujours ce qui ne va pas avec les femmes. Pris dans une conception scindée de l'amour, Normand répète invariablement le même schéma de relation et vogue d'échecs amoureux en échecs amoureux. Il est prisonnier du «CERCLE VICIEUX AMOUREUX», de l'amour cul-de-sac.

Chapitre

3

Sortir du cercle vicieux amoureux, de l'amour cul-de-sac

La peur de la perte des acquis est généralement plus forte que l'appât du gain.

Zig Zigler

Parlons maintenant du « cercle vicieux amoureux », de l'amour cul-de-sac. Il s'agit de cette impression qu'ont certaines personnes de répéter la même relation, bien qu'elles changent de partenaire. Prises dans un *pattern* relationnel dont elles ne peuvent sortir, elles sont les otages de leur conception de l'amour. Elles répètent inlassablement le même parcours amoureux et revivent constamment les mêmes déceptions, les mêmes échecs.

Combien de fois ai-je entendu des gens me répéter qu'ils avaient l'impression de revivre encore et encore la même relation ! Normand me disait : « Mes femmes changent de nom et de visage, mais j'ai toujours l'impression, après un certain temps, de me retrouver avec la même femme qu'auparavant. » Plusieurs personnes ont affirmé à Normand qu'il répétait ce schéma parce qu'il avait encore quelque chose à apprendre, parce qu'il était coincé dans une étape non résolue de sa croissance personnelle. Je n'en crois rien. Je dirais au contraire que Normand n'a vraiment plus rien à apprendre de ce type de relation. En fait, il est, comme la plupart d'entre nous, tenté de répéter le connu, plutôt que de s'aventurer dans l'inconnu.

Quand nous nous lançons dans une nouvelle tentative de séduction, que faisons-nous au juste ? Nous utilisons les stratégies que nous connaissons pour susciter l'amour. Ces stratégies remontent très loin. Elles remontent à la première fois où nous avons voulu être aimé, à notre premier objet d'amour, le parent du sexe opposé.

Je ne m'aventurerai pas ici dans une analyse freudienne, mais il est clair que la première personne que nous tentons de séduire est papa ou maman, selon le cas. Ainsi, chaque relation d'amour que nous entreprendrons par la suite dépendra fondamentalement de notre première relation amoureuse. Or, à ce moment-là, comme nous ne connaissions que ce que nos trois ou quatre ans de vie nous avaient appris, cette tentative de séduction a été bien naïve et généralement maladroite. Malgré tout, nous avons réussi tant bien que mal cette première expérience de conquête et nous avons constaté que notre stratégie portait fruit. Fiers de notre réussite, avec les côtés positifs et négatifs qu'elle comportait, nous avons appris qu'il était possible de susciter l'amour en utilisant cette stratégie et nous l'avons répétée. C'est d'ailleurs un mécanisme d'apprentissage que nous répéterons jusqu'à ce que nous soyons en mesure de tenter nos premières expériences de séduction à l'extérieur du giron familial. Je lisais dernièrement un article qui laissait entendre que l'œdipe peut se prolonger jusqu'à un âge aussi avancé que dix-sept ou dix-huit ans. J'ai tendance à abonder dans ce sens.

Le cas de Roch

Roch est le seul garçon d'une famille de cinq enfants. Né le dernier et sur le tard, il a fait le bonheur de sa mère, qui n'espérait plus faire de fils à son mari. Au moment où Roch a tenté de conquérir sa mère, il avait à peine trois ans. C'était l'œdipe. Dans sa petite tête d'enfant, Roch a constaté la chose suivante : sa mère, débordée, lui témoignait de l'affection quand il se rendait utile. Il en a donc conclu qu'il faut être utile pour être aimé. Un peu plus tard, il a compris que sa mère lui accordait une attention particulière lorsqu'il offrait une oreille attentive à ses malheurs. Deuxième conclusion, on m'aime lorsque je démontre de la compassion. Finalement, doué d'un bon sens de la communication, Roch a découvert qu'il pouvait s'attirer l'affection et l'admiration de sa mère lorsqu'il tenait des propos subtils et amusants.

Fort de ces apprentissages, Roch a navigué toute sa vie dans le monde de l'amour, convaincu qu'il faut :

1. *être utile*
2. *avoir une bonne écoute et de la compassion*
3. *avoir un bon sens de la communication.*

Pour Roch, c'est là l'essentiel pour être digne d'amour, pour être aimable. Je reviendrai souvent sur cette notion : être *aimable*. Cette expression signifie « propension à être aimé ». Il ne s'agit pas de la définition plus neutre qu'on lui donne d'habitude, soit être gentil.

Cette certitude teinte toutes les relations de notre ami Roch et aura comme conséquence de le plonger dans une suite sans fin d'insatisfactions. Tout d'abord, il est convaincu qu'il doit être utile pour être aimable, ce qui signifie qu'il est attiré par des femmes qui ont besoin de lui. Il croit qu'il est digne d'amour en fonction de ce qu'il fait et non pas en fonction de ce qu'il est. En conséquence, il concentre ses efforts de séduction sur les femmes qui vivent des situations difficiles ou qui semblent en détresse. Ajoutons à cela sa grande capacité d'écoute et son sens aigu de la communication, et on a un portrait parfait de toutes les femmes qu'il a attirées et choisies dans sa vie : instables, dépressives et victimes.

Chacune de ses relations débute de la même façon. Il rencontre une femme qui a un passé lourd d'expériences difficiles ; elle est fragile et meurtrie. Il se sent fort, tout-puissant à ses côtés et se dit qu'il est celui dont elle a besoin. La relation débute, mais Roch constate qu'il n'est pas le sauveur qu'il voudrait être. Tout comme il n'a pu sauver sa mère du poids de sa vie familiale, il est impuissant à assumer les angoisses des conjointes qu'il choisit.

De plus, Roch oublie de tenir compte de ses propres besoins. Comme il a institué cette démarche de couple en s'affublant du rôle de celui qui comprend et qui donne, il se retrouve plongé dans des relations stériles, à sens unique où ses besoins n'ont aucun espace pour s'exprimer. Après quelque temps, ses conjointes le déçoivent et il les quitte. Il arrive aussi que ce soit la compagne qui y mette fin, de façon assez cruelle. Les sauveurs finissent généralement par être persécutés, car il est impossible d'être responsable du bonheur de quelqu'un d'autre. J'aborderai ce sujet plus loin dans cet ouvrage.

Que fait Roch pour réussir ainsi à hypothéquer dès le départ toutes ses nouvelles relations? C'est simple, il se comporte comme un enfant! En effet, bien qu'il ait déjà plus de trente ans, il répète inlassablement une recette de séduction qu'il a développée lorsqu'il avait trois ans et qu'il a peaufinée par la suite avec les premières femmes de sa vie. Heureusement et malheureusement pour lui, il n'est plus le petit garçon qui tentait gauchement de plaire à sa mère et se hasardait à lancer dans le jeu de la séduction des parties de sa personne, à tout hasard. Il n'a jamais pris le temps de se demander ce qu'il y avait d'aimable chez lui, de s'interroger sur son potentiel de séduction, d'identifier ce qui a changé chez lui depuis qu'il n'a plus trois ans et n'est plus le jeune puceau qui découvre les frissons de l'amour. En conséquence, il est pris dans un cercle vicieux qui le conduit de déception en déception, vers l'amour cul-de-sac. Il a l'impression que ses conjointes changent de visage et de nom sans changer réellement. En vérité, c'est lui qui crée ses conjointes de toutes pièces en les sélectionnant en fonction des seules cartes qu'il jette dans le jeu du POKER AMOUREUX.

Le poker amoureux

Nous jouons tous au poker amoureux. Le poker amoureux, c'est la somme des attributs que nous croyons posséder et qui sont censés nous permettre de plaire, de séduire. C'est un miroir de notre perception de nous-même dans le jeu de la séduction. C'est ce qui, selon nous, nous rend aimable. Nul besoin, pour jouer à ce jeu, d'être en situation de conquête ou de séduction. Nous lançons nos cartes chaque fois que nous rencontrons quelqu'un de nouveau, que ce soit en famille, au travail ou en société.

Je vous propose ce petit jeu qui vous permettra d'identifier les cartes que vous jetez dans le jeu de la séduction, puis éventuellement d'en éliminer quelques-unes, et enfin, d'en jeter de nouvelles. Nous avons tous intérêt à revoir notre potentiel d'« amabilité » et nous nous en offrons rarement l'occasion. Découvrir pourquoi je suis digne d'amour – et ce, non pas seulement à travers la propre perception que j'ai de moi-même, mais à travers celle de ceux qui m'entourent – me donne la possibilité de découvrir de nouvelles facettes de mon moi. Je pourrai ainsi améliorer ma perception de moi-même et, éventuellement, être en mesure d'entreprendre des relations amoureuses qui seront en concordance avec mes aspirations d'adulte, plutôt qu'une conséquence des tentatives de séduction de mon enfance et de mon adolescence.

Je tiens à préciser ici que l'exercice, quoique simple de prime abord, est très difficile à actualiser. Comme je le mentionnais au début de ce chapitre, nous avons tous tendance à nous réfugier dans le connu, plutôt que de nous hasarder sur de nouvelles terres. Le principe, amplement connu et utilisé dans le monde de la vente, est le suivant : « La peur de la perte des acquis est généralement plus forte que l'appât du gain. » Ce qui signifie que, connaissant ce que je gagne dans le type de relation que je suis habitué d'entreprendre, j'ai peur d'entreprendre un nouveau type de relation, car je crains de perdre ces acquis, même si ces derniers ne correspondent pas à ce que je désire véritablement. C'est un peu le principe du « un tiens vaut mieux que deux tu l'auras ». Malheureusement, le « tiens » ne vaut peut-être plus grand-chose par rapport à mes aspirations actuelles.

A) Identifier ses cartes

Tout comme dans l'exemple de Roch, nous avons tous jeté quelques cartes lors de nos premières tentatives de séduction. À l'instar de Roch, il est très probable que nous avons continué, tout au long de notre vie d'adulte, à jeter ces mêmes cartes pour séduire. Voici un exercice d'introspection qui vous permettra d'identifier les cartes de séduction que vous jetez dans le poker amoureux.

Pour illustrer cet exercice, nous suivrons Jean-Claude, que j'ai rencontré lors de mes conférences et qui a fait l'exercice pour en arriver à modifier son jeu de cartes.

Les cartes de l'auto-perception

Tout d'abord, à ma demande, Jean-Claude a fait l'inventaire des cartes qu'il jette dans le jeu de la séduction. Après un court exercice d'analyse de sa personnalité, il a conclu qu'il était aimé et aimable pour les trois raisons suivantes :

1. Il a un physique attrayant.

Grand, d'une carrure imposante, il sait que ses attributs physiques et sa voix grave ont un effet certain sur les femmes, et particulièrement sur celles qu'il désire séduire.

2. Il se considère comme un homme sincère.

Fier de son authenticité, de son franc-parler et de sa propension à ne jamais dramatiser les situations, il se perçoit comme une personne honnête. Selon lui, cette qualité est essentielle pour être aimé.

3. Il est en harmonie avec la nature.

Chasseur et pêcheur depuis l'enfance, Jean-Claude ne peut même pas imaginer partager sa vie avec une personne qui n'est pas aussi près de la nature que lui. Il a la certitude que cet aspect de sa personnalité teinte tous ses comportements et que les gens qui l'entourent, hommes et femmes, l'apprécient pour son équilibre. C'est son côté «gars des bois».

Ainsi, Jean-Claude a identifié les trois premières cartes de son jeu : physique attrayant, sincérité, harmonie.

À vous maintenant de faire ce premier exercice :

À votre avis très personnel, quelles sont les raisons qui vous rendent aimable, digne d'amour ? À l'aide d'une analyse rapide de ce que vous pensez de vous-même et de ce que vous savez de votre capacité de séduction, identifiez trois ou quatre éléments de votre personnalité qui vous rendent aimable.

Il ne s'agit pas ici de faire un inventaire exhaustif. Contentez-vous des trois ou quatre éléments qui vous viennent spontanément à l'esprit. Il n'y a pas de mauvaises réponses, et il est inutile d'être original. Lorsque je fais faire cet exercice lors de mes conférences, je ne laisse que cinq minutes à mes participants pour écrire sur un bout de papier les deux ou trois idées qui leur viennent spontanément à l'esprit. Il s'agit de faire une photo instantanée de la perception de base que l'on a de soi-même, et non pas une étude détaillée du processus de séduction. Conservez ces quelques éléments en tête ou écrivez-les dans l'espace prévu à cet effet. Nous y reviendrons plus tard.

MES CARTES DE L'AUTO-PERCEPTION

À votre avis très personnel, quelles sont les raisons qui me rendent aimable, digne d'amour ?

Vous avez identifié les premières cartes de votre poker amoureux.

Jean-Claude a ensuite tracé la ligne conductrice de l'ensemble de ses relations amoureuses. Il a identifié les points communs à chacune de celles-ci. Pour continuer à le suivre dans sa démarche, partez de votre toute première relation, soit celle avec votre parent de sexe opposé. À partir de là, tracez une ligne conductrice qui nous amènera jusqu'à votre toute dernière relation. Autrement dit, déterminez quels sont les points communs à chacune de ces personnes – que ce soit en raison de leurs qualités, de leurs défauts, de leurs valeurs ou de leurs aspirations dans la vie. Cet exercice est beaucoup plus difficile que le précédent, car il demande une réflexion plus approfondie. En outre, il est possible que vous trouviez dans cette ligne conductrice des contraires, plutôt que des ressemblances. Ne vous laissez pas aveugler par ces semblants de différence. S'il vous est arrivé de réagir très fort à un trait de caractère d'un de vos partenaires ou d'un de vos parents, il est très probable que vous ayez tendance à choisir son contraire. Je prends pour exemple Maryse, qui avait un père très effacé et qui, par la suite, a toujours eu des relations avec des hommes à la personnalité très forte. Bien que son père apparaisse comme l'antithèse de tous ses conjoints, il n'en est pas moins la source d'un point commun. Elle a réagi à un trait de caractère qui lui a déplu ou qui l'a insatisfaite et un transfert a eu lieu, qui la pousse à toujours choisir des conjoints tout à fait différents de son père.

En faisant cet exercice, vous découvrirez « les cartes du connu ». Autrement dit, ces éléments de séduction que vous jetez inlassablement dans le jeu de l'amour depuis vos premières tentatives pour plaire. C'est l'inventaire de votre passé amoureux, la pierre angulaire du cercle vicieux amoureux. En identifiant ces cartes, vous serez en mesure de mieux comprendre votre processus de séduction, ce qui vous donnera une emprise nouvelle sur votre vie amoureuse, car vous pourrez désormais identifier vos comportements lors du processus de séduction et, éventuellement, les rectifier.

En faisant cet exercice, Jean-Claude a découvert les éléments suivants :

1. Toutes les femmes de sa vie, en commençant par sa mère, étaient des femmes en détresse, et il les a toutes aidées.
2. Ces femmes avaient une fâcheuse tendance à dépenser son argent de façon outrancière, et ce depuis sa toute première relation à l'âge de dix-sept ans. Sa mère, quant à elle, était le modèle type de l'économe maladive.
3. Toutes ses conjointes ou petites amies étaient des femmes très sensuelles, mais il ne peut dire si sa mère l'était ou non, celle-ci étant décédée lorsqu'il était préadolescent. De toute façon, à cette époque, les femmes exhibaient très peu ce côté de leur personnalité.
4. Il n'a jamais eu à être très présent auprès de ses conjointes ou amies. Dès l'âge de dix-neuf ans, son travail l'a amené à être souvent absent et celles-ci ne s'en sont jamais formalisées. Son père était lui aussi un homme absent.
5. Toutes ses femmes ont été, selon lui, de belles femmes.

À partir de cette analyse, Jean-Claude a pu identifier cinq nouvelles cartes. Plutôt que de condamner ses ex-conjointes pour leurs travers ou de se féliciter de les avoir choisies pour leurs qualités, il s'est servi de leurs points communs pour définir les cartes du connu qu'il jette dans le jeu de l'amour. En effet, si toutes ses amoureuses avaient tel ou tel point en commun, c'est parce qu'il savait qu'avec ce type de femme ses chances de séduction étaient beaucoup plus grandes, puisqu'il connaissait les règles du jeu qui s'appliquent à ce type de personne.

Tout d'abord, Jean-Claude a dû admettre qu'il était un «sauveur». C'est-à-dire qu'il choisit toujours des conjointes qui se débattent dans des situations difficiles, ce qui l'amène à jouer un rôle flatteur, mais lourd.

Il a également compris qu'il jette la carte du «pourvoyeur», ce qui va parfois de pair avec celle du sauveur. Bien nanti, il entame souvent ses relations en affichant ses larges moyens financiers et regrette ensuite d'avoir attiré une personne qui apprécie le fait de pouvoir dépenser allègrement son argent.

Il est devenu évident pour Jean-Claude qu'il a toujours séduit avec sa sensualité. Mais il en est le premier surpris. Surpris également de constater que toutes ses conjointes avaient une sexualité très épanouie. Ce trait l'a fait sourire, mais il ne sait trop quoi faire ou quoi penser de cette carte qu'il a dans son jeu. Quoi qu'il en soit, il l'a nommée: «sensuel».

Qu'il ait attiré des femmes peu dépendantes ne le surprend pas le moins du monde! Il s'est toujours perçu comme très «indépendant». Il a cependant été surpris de se rendre compte (alors qu'il a beaucoup souffert de l'absence de son père) qu'il a répété l'archétype de cet homme en étant, comme lui, un homme absent.

Finalement, toutes ses conjointes ont été de belles femmes. C'est, pour lui, une évidence. L'apparence physique, pour Jean-Claude, est un aspect très important et il s'attend à ce que son amoureuse prenne autant soin d'elle qu'il prend soin de lui-même. Il se définit donc comme un «homme à femmes» et éclate de rire. Cette dernière carte rejoint la première, qu'il a lui-même définie, à savoir qu'il a un physique attrayant.

Ainsi, après avoir identifié ses trois premières cartes d'autoperception, qui sont trois aspects de sa personnalité, soit :

1. le physique
2. la sincérité
3. l'harmonie

il a ajouté les cinq cartes du connu :

4. le sauveur
5. le pourvoyeur
6. le sensuel
7. l'indépendant
8. l'homme à femmes.

Cinq rôles qu'il joue toujours dans ses relations de couple.

Il a maintenant en main huit des cartes de son poker amoureux. Grâce à cet exercice, il se rend compte à quel point il a toujours utilisé les mêmes stratégies dans sa vie amoureuse, et à quel point celles-ci l'ont confiné dans un certain type de relation qui n'arrive pas toujours à combler ses aspirations. Ces constatations le placent également devant un dilemme. Il se rend bien compte qu'il est le seul auteur des scénarios de couple dans lesquels il s'empêtre, mais il ne voit pas comment en sortir. Quant aux cartes qu'il a identifiées et qui représentent fidèlement ce qu'il est et la façon dont il s'y prend pour séduire, il a l'impression que celles-ci le condamnent à répéter sans cesse les mêmes schémas de couple. Il se voit, la vie durant, continuer à attirer de belles femmes sensuelles et dépensières qui comptent sur lui pour assurer leur bien-être matériel et acceptent aisément ses absences répétées. Il a attiré ces femmes avec ce qu'il est et parce que ce genre de relation lui est familier. Il voit mal comment il pourrait entreprendre un nouveau type de relation avec un autre genre de femmes, puisque c'est ce type particulier de compagne qu'il attire. C'est sans compter sur les cartes de la « perception extérieure ».

Avant d'aborder le sujet des cartes de la perception extérieure, prenez le temps d'identifier vos propres cartes du connu.

MES CARTES DU CONNU

Quels sont les points communs des personnes avec lesquelles vous avez eu une relation amoureuse ? Identifiez les éléments qui forment le fil conducteur de chacune de ces relations.

Les cartes de la perception extérieure

Jean-Claude croit à tort que son jeu de cartes est complet. Outre les cartes de « l'auto-perception » et celles du « connu », il lui reste à découvrir celles qu'il a ajoutées à son jeu au fil des ans, sans même s'en apercevoir. Ce sont les cartes de la « perception extérieure », soit les nouvelles cartes que nous sommes invités à jeter dans le jeu de la séduction. Elles nous permettent d'entreprendre de nouvelles relations qui seront, peut-être, plus adaptées à nos besoins et à nos aspirations d'adultes. Évidemment, il faudra une certaine dose de courage pour jeter ces cartes, car elles représentent une part d'inconnu. Jeter de nouvelles cartes implique que nous acceptons de nous aventurer dans un nouveau type de relation avec un nouveau type de conjoint. Comme nous l'avons vu, « la peur de la perte des acquis est plus forte que l'appât du gain ». Or, en amorçant un nouveau type de relation, nous ignorons quels seront les gains et d'où proviendront le bonheur et la satisfaction. Et nous craignons de ne pas y trouver les mêmes gains que dans nos relations précédentes – voire pas de gains du tout. Ce qui nous fait hésiter à entreprendre une relation avec un type différent de conjoint est la peur de perdre des acquis.

J'ai invité Jean-Claude à poursuivre l'exercice d'identification de ses cartes du poker amoureux en demandant à des personnes de son entourage de le décrire. Plus précisément, il devait demander à trois hommes et à trois femmes de son entourage immédiat (les trois femmes n'étant pas des ex-conjointes, bien entendu) de répondre très spontanément à la question :

Jean-Claude est un… ?

Chacune des personnes devait donner trois ou quatre réponses, par ordre d'importance, et toutes ces réponses devaient obligatoirement être des traits de caractère ou des aspects de sa personne. Il aurait été inutile de réaliser cet exercice en utilisant des qualificatifs. Les réponses du genre : gentil, sociable ou aimable auraient été trop floues et se seraient avérées n'être que des réponses banales et sans contenu utilisable pour identifier les cartes de Jean-Claude.

Jean-Claude a triché un peu. Il est revenu avec les réponses de quatre femmes et de deux hommes. Mais dans son cas, c'était peut-être aussi bien comme cela. Je m'attendais à ce qu'il soit surpris par les réponses obtenues. Je n'ai pas été déçu ! De plus, les réponses fournies ont entraîné des discussions animées entre lui et les personnes interrogées. Chacune des personnes a dû expliquer sa perception, car cette dernière était totalement étrangère à la perception que Jean-Claude a de lui-même. Il va sans dire que ce fut, pour lui, un exercice fort instructif. Il a découvert qu'il était perçu généralement comme :

1. un artiste
2. un intellectuel
3. un séducteur.

Évidemment, les réponses variaient d'une personne à l'autre, mais toutes s'entendaient pour dégager au moins ces trois éléments ou des éléments similaires.

Un artiste. Jean-Claude ne s'est jamais perçu de cette façon. Il est vrai qu'il fait un peu de sculpture, mais, pour lui, ce n'est qu'un passe-temps sans importance. Il s'amuse à sculpter des petits canards ou à façonner de menus objets en bois, qu'il offre souvent à ses amis. Ses proches lui ont révélé qu'il accordait beaucoup plus de place à cet aspect de sa personne qu'il ne le croyait, et qu'ils le considéraient comme un sculpteur de talent. De plus, Jean-Claude vit entouré de musique. Dans sa voiture, au travail, à la maison, il accorde une place très importante à cet art, et il peut discuter musique pendant des heures. On lui a également parlé de son goût pour la décoration intérieure et de ses talents de cuisinier. Bref, que Jean-Claude le veuille ou non, il est un artiste.

Première carte de la perception extérieure et neuvième carte de son poker amoureux : l'artiste.

Un intellectuel. Ça, c'est le comble ! Cette description de sa personne va totalement à l'encontre de ce qu'il perçoit de lui-même. Il n'est pas un intellectuel, mais un gars des bois ! Pourtant, ses amis lui ont fait remarquer qu'il a toujours un livre en route et que ses lectures sont loin d'être banales : philosophie orientale, poésie, biographies des grands de ce monde, etc. Ces lectures alimentent régulièrement ses discussions et démontrent son intérêt pour l'érudition. Jean-Claude a dû reconnaître, encore une fois, qu'il se connaissait très mal. Il a cependant admis que ce côté de sa personne s'explique par son souci constant d'harmonie.

Deuxième carte de la perception extérieure et dixième carte de son poker amoureux : l'intellectuel. Il rectifie ce titre en : intellectuel des bois.

Un séducteur. La dernière carte est celle qui le choque le plus : on lui dit qu'il est un séducteur ! À ses yeux, cette carte a une connotation très négative qui nécessite une bonne explication. Qui plus est, ce sont les femmes qu'il a interrogées qui l'ont affublé de ce qualificatif. On lui a dit que c'est sa nature, qu'il est séduisant, qu'il a le compliment facile et qu'il a toujours eu beaucoup de succès auprès de la gent féminine. Il avait pourtant reconnu, en identifiant ses cartes du connu, qu'il était un « homme à femmes », mais pour lui, cela signifie qu'il est très sélectif, bien qu'il apprécie la présence des femmes en général. À la suite de ce petit test, il a découvert que ses charmes ont beaucoup plus d'emprise qu'il ne le croit, et que ces dames le considèrent comme une personne qui navigue aisément dans le jeu de la séduction. Il a compris qu'être un séducteur n'a rien à voir avec le fait d'être un manipulateur, comme il le croyait a priori. Non, les femmes qui l'entourent aiment son côté séducteur et sont toutes un peu étonnées de constater qu'il ne s'est jamais identifié à ce rôle.

Dernière carte de la perception extérieure et onzième carte de son poker amoureux : le séducteur. Toujours étonné, Jean-Claude décide de ne pas nuancer cette carte et de la nommer telle quelle.

Il a désormais en main l'ensemble des cartes de son poker amoureux :

Trois cartes de l'auto-perception :

1. le physique
2. la sincérité
3. l'harmonie

Cinq cartes du connu :

4. le sauveur
5. le pourvoyeur
6. le sensuel
7. l'indépendant
8. l'homme à femmes

Et trois cartes de perception extérieure :

9. l'artiste
10. l'intellectuel des bois
11. le séducteur.

Avant de poursuivre plus avant dans la démarche de Jean-Claude, je vous invite, vous aussi, à faire ce petit jeu du questionnaire avec vos proches. Vous aurez ainsi en main les dernières cartes de votre poker amoureux, soit celles de la perception extérieure. Ces cartes sont très importantes, car ce sont elles que vous pourrez jeter dans votre jeu en tant que nouvelles cartes. Elles pourraient vous ouvrir la voie vers un nouveau type de relation qui risque de correspondre à vos aspirations du moment. Il est donc primordial d'accorder une grande importance à cette troisième étape de découverte de vos cartes de séduction. Contrairement à la première étape des cartes de l'auto-perception, consacrez tout le temps qu'il vous faudra pour obtenir des réponses des personnes que vous jugez les plus aptes à vous décrire et ce, de la façon la plus objective possible. Tout comme Jean-Claude, vous risquez d'être étonné, de prime abord, des réponses que vous obtiendrez. Je vous le souhaite fortement. Encore une fois, comme pour les deux premières séries de cartes, évitez de vous juger par rapport à vos cartes de perception extérieure. Rappelez-vous qu'elles sont des outils d'introspection, de nouveaux aspects de votre personne qui vous permettront justement de SORTIR DU CERCLE VICIEUX AMOUREUX en vous offrant la possibilité d'entreprendre un nouveau type de relation.

MES CARTES DE LA PERCEPTION EXTÉRIEURE

Après avoir interrogé des hommes et des femmes sur la question «Qui je suis», voici les points communs tirés du résultat de ces interrogatoires.

Chacune des cartes devrait commencer par: «Je suis un(e)»...

Elles doivent représenter des traits de votre caractère ou des aspects de votre personne, plutôt que d'être simplement des qualificatifs.

Vous avez maintenant en main l'ensemble de vos cartes du poker amoureux.

B) Apprendre à jouer de nouvelles cartes

Maintenant que vous avez l'ensemble de votre jeu en main, voyons comment il est possible de retirer du jeu de la séduction les cartes qui ne vous conviennent plus en les remplaçant par des nouvelles.

Jeter de nouvelles cartes n'est pas facile. Il faut pour cela faire taire les vieux réflexes qui vous ont amené à n'utiliser que vos cartes du connu.

Je tiens à préciser ici que cet exercice s'applique même si vous n'avez eu qu'un seul conjoint(e). Il est clair que dans ce cas, faire l'inventaire de votre poker amoureux peut s'avérer difficile. Néanmoins, il est toujours possible de jeter de nouvelles cartes en vous basant sur celles de l'auto-perception et de la perception extérieure. La question fondamentale reste la même : Quelles sont les parties de moi que j'ai envie de voir s'épanouir dans le but de plaire à un type de personne qui corresponde davantage à mes aspirations présentes ? Cet exercice est tout à fait adéquat si le but de votre recherche est d'apprendre à plaire à votre conjoint actuel, d'une nouvelle façon.

Aimer et plaire d'une nouvelle façon, voilà tout l'enjeu du poker amoureux. Vers trois ans, lors de votre première tentative de séduction, vous avez pris le risque de jeter, à tout hasard, quelques cartes dans le jeu de la séduction. Votre objectif était fort simple : garder, vous approprier l'affection de votre premier objet d'amour. Comme votre stratégie a été fructueuse, vous l'avez répétée inlassablement par la suite, assuré d'y trouver des gains positifs, même minimes. Mais c'est peut-être la dernière fois que vous avez pris un risque.

Je vous invite à prendre un nouveau risque, pour une fois. En jetant de nouvelles cartes et en remettant en poche les anciennes qui ne vous ressemblent plus, ou pas, vous vous ouvrez la voie qui va vous permettre de découvrir celui ou celle avec qui *vous avez envie d'être*. Les cartes que vous avez jetées jusqu'à maintenant ont littéralement modelé le type de conjoints que vous avez eu dans votre existence. Le moment est maintenant venu de modeler un conjoint convenant à la personne que vous êtes devenue au fil des ans. Nos conjoints sont toujours ce qu'on les laisse être, ce qu'on les invite à devenir.

J'ouvre une parenthèse pour vous raconter l'histoire de Mathieu. Celui-ci avait beaucoup souffert de la jalousie. Dans son enfance, les crises de jalousie de son père avaient toujours gardé les membres de sa famille sur le qui-vive. La première conjointe de Mathieu a été, elle aussi, une jalouse compulsive. Il s'est donc promis de ne jamais plus avoir, dans sa vie, une personne ayant ce trait de personnalité. Après plusieurs années de célibat, après son divorce, il est retombé amoureux, bien décidé cette fois à ne pas laisser la jalousie empoisonner sa vie. C'était sous-estimer la puissance de ses cartes du connu.

L'incident déclencheur se déroule un soir où Mathieu rentre plus tard que prévu d'une soirée avec des copains de travail. Tout au long du chemin du retour, il se fait du mauvais sang en se disant qu'il aurait dû téléphoner pour informer sa conjointe de son retard. Rongé par la culpabilité, il formule en pensée toutes sortes d'arguments et de scénarios justificatifs. Habitué à vivre avec des personnes jalouses, il anticipe la tempête qui va déferler.

À la maison, il trouve sa conjointe endormie. Il s'attendait à un tout autre accueil ! Il l'a imaginée, debout, éveillée, faisant les cent pas dans la maison, ou attendant anxieusement près du téléphone. Au lieu de cela… rien ! Il s'assied au bord du lit et réveille sa compagne. Sur le ton enfantin d'un gamin qui craint d'être réprimandé, il lui dit : « Chérie… Je suis rentré. » Sa conjointe, à peine réveillée, lui répond : « Tu as eu une bonne soirée ? » Ce n'est vraiment pas ce à quoi il s'attendait. « Oui, merci », répond-il. Puis il ajoute : « Il est deux heures du matin. » La dormeuse ne s'offusque pas et lui dit calmement : « Alors, tu ferais mieux de te coucher. Tu auras l'air d'un mort demain. » Mathieu est renversé, stupéfait. Sans qu'il sache trop pourquoi, la réponse qu'il vient de recevoir le met en colère. Il dit à sa femme qu'il n'en revient pas, qu'il trouve indécent qu'elle se soit endormie, sans même s'inquiéter de son absence, qu'il n'a jamais vu ça ! Il lui dit que si les rôles avaient été inversés, il aurait retourné toute la ville pour la retrouver. Il termine son laïus en mettant en doute la véracité de son affection pour lui. Bref, il s'attendait à une crise de jalousie, et rien ne s'est passé.

Si sa compagne a bien appris sa leçon, il est évident que la prochaine fois que Mathieu sera en retard, ne serait-ce que de quelques minutes, elle réagira de façon tout à fait différente. Elle aura compris que, pour lui, une démonstration de jalousie, même feinte, est une preuve d'amour. Mathieu s'est créé une conjointe jalouse. Il ne l'a pas laissée être jalouse, il en a fait une jalouse, il a modelé une jalouse. Je le répète, nos conjoints et conjointes seront toujours ce qu'on les laisse être, ce qu'on les invite à devenir. Fin de la parenthèse.

Comme nous avons la fâcheuse habitude de choisir des hommes ou des femmes en fonction du processus de séduction que nous avons toujours appliqué depuis nos premières tentatives pour plaire, voici un premier exercice qui permet de modifier ce comportement : La délimitation de l'espace amoureux.

La délimitation de l'espace amoureux

Dans mes conférences, je surnomme cet exercice : le « spottage ». Il s'agit de la description de nos comportements lorsque nous entreprenons une nouvelle rencontre.

Imaginez que vous êtes dans une salle, un bar ou un restaurant rempli de personnes inconnues. Vous voulez faire une nouvelle rencontre. Dès votre entrée en ce lieu, vous délimitez l'espace en fonction des personnes qui s'y trouvent et de votre stratégie de séduction. Ce qui veut dire que vous jaugez chacune des personnes présentes en fonction de votre capacité de séduction à leur égard. Évidemment, cette évaluation ne se fait qu'en fonction des attributs physiques, de l'apparence extérieure et du langage non verbal. Mais soyez sans crainte, ces trois éléments sont amplement suffisants pour vous guider dans votre tentative de séduction.

Nous connaissons en détail le jeu de cartes de Jean-Claude. Voyons ce qui se passe dans sa tête lors d'un exercice de «spottage».

Tout d'abord, il procède à un premier balayage visuel de l'endroit et identifie chacune des personnes du sexe opposé qui correspondent à ses critères physiques. Comme nous l'avons démontré en définissant quatre façons de dire «je t'aime», le premier élément qui nous attire toujours chez quelqu'un est son physique. Cela ne veut pas dire que la personne doit être belle, mais que son apparence doit concorder avec ce que, personnellement, nous jugeons acceptable ou attirant.

Ensuite, Jean-Claude identifie chacune des personnes qu'il a retenues au premier regard en les qualifiant, en leur donnant un nom, un titre ou un qualificatif qui correspond à sa perception première:

- La dame à gauche doit être professeur, avec ses lunettes et son expresso. C'est sûrement une **intellectuelle**.
- Celle qui a les cheveux courts, bonne mine et l'air sportif est une **athlète**.
- La rousse près du bar a plutôt l'air **timide**. Elle ne semble pas à sa place ici.
- Par contre, la grande qui parle au garçon de table a une blouse qui est sûrement griffée. Elle doit être **à l'aise financièrement**.
- Celle qui a une écharpe et qui joue avec son briquet a un *look* d'**artiste**. J'aime beaucoup ça.

Une fois ce processus d'identification terminé, Jean-Claude procède à une élimination systématique afin d'arrêter son choix sur une personne en particulier.

C'est à ce moment que tout le poker amoureux entre en ligne de compte. Jean-Claude va-t-il choisir en fonction du processus de séduction qu'il connaît et qu'il applique depuis l'enfance ou l'adolescence ? Ou aura-t-il le courage de jeter de nouvelles cartes dans le jeu de la séduction ? Prendra-t-il des risques, pour une fois ?

Voyons comment se déroule l'élimination systématique de Jean-Claude :

- Bon, la grande dame en blouse blanche qui a l'air d'être très à l'aise financièrement doit être médecin ou quelque chose du genre. Ce n'est pas pour moi. Je n'ai pas ce qu'il faut pour lui plaire. Elle va me trouver banal.
- La sportive est trop jeune pour moi. De toute façon, je n'ai plus la forme de mes vingt ans.
- L'intellectuelle n'est pas pour moi. Moi, je suis un gars de la nature, pas un gars de livres.
- L'artiste est vraiment très à mon goût. Mais qu'avons-nous en commun ? Sur quelles bases pourrions-nous échanger ? Je risque de l'ennuyer.
- Par contre, la timide avec ses cheveux roux me semble tout à fait adéquate. Elle sera sans doute plus ouverte que les autres, plus encline à accepter ma présence. Si elle reste ici, elle va finir par s'ennuyer. Moi, je vais la faire rire, la mettre à l'aise. Oui ! Je vais m'approcher d'elle et lui offrir un verre.

Et toc, Jean-Claude est à nouveau tombé dans le piège du connu ! En choisissant la timide, il n'a fait que répéter un comportement, un réflexe auquel il obéit depuis toujours. Il y a fort à parier que son élue est une femme qui a besoin qu'on prenne sa vie en main, qui est dépensière et qui peut tolérer ses nombreuses absences. Jean-Claude a, encore une fois, choisi une partenaire en fonction du processus de séduction qu'il connaît. Il a reconnu dans le type physique et dans le langage non verbal de la « timide » des éléments qui lui sont familiers et qui le sécurisent sur sa capacité de séduire. Pourtant, il avait tout en main pour entreprendre un nouveau type de relation. Il sait qu'il est aussi un intellectuel et un artiste, à sa manière : ses cartes de la perception extérieure le lui ont révélé. Il aurait donc pu choisir l'artiste ou l'intellectuelle. Pourquoi a-t-il encore choisi une femme qui correspond à son vieux *pattern* ? Tout simplement parce qu'il sait ce qu'il a à gagner dans ce type de relation, et qu'il n'a pas le courage d'abandonner les gains qu'il connaît pour en découvrir de nouveaux. *Et si je ne trouvais pas ce que je cherche dans une relation où je mets de l'avant de nouvelles facettes de ma personnalité ?* s'est-il dit. Plutôt que de risquer de perdre, Jean-Claude fonce tête la première dans une relation où il gagnera des choses dont il n'a pas, ou plus besoin.

Nous allons tous, d'instinct, vers ceux ou celles qui nous envoient des messages non verbaux que nous connaissons et reconnaissons. Face à l'angoisse de ne pas plaire, nous choisissons des personnes avec qui nous avons le minimum de risques d'essuyer un échec, quitte à répéter une expérience qui nous a été, plusieurs fois, coûteuse.

Mélanie, que j'ai rencontrée un soir après une conférence, me confie qu'elle peut aisément aborder un homme qu'elle a « spotté » et lui révéler trois choses sur lui sans jamais l'avoir rencontré auparavant.

> « Quand un homme me plaît, il est invariablement sportif, pauvre et marié !
> « J'ai tenté l'expérience une fois. Je me suis assise à côté d'un inconnu et je lui ai dit : " Je sais trois choses sur toi sans même te connaître. Tu es sportif, tu vis présentement un creux de vague financier et tu es marié ! " Si vous aviez vu l'expression de mon inconnu, c'était hilarant. Je crois que je n'ai jamais fait aussi peur à un homme ! (rire)

« C'est comme ça chaque fois. J'ai l'impression de les attirer comme le miel attire les abeilles. Du moins, c'est ce que je croyais. Aujourd'hui, je me rends compte que c'est moi qui suis attirée par ce genre de gars, probablement parce que j'aime le *look* athlétique, que je materne toujours mes hommes et que j'ai peur de l'engagement ! (rire) Alors, avec des gars comme ça, je me sens en sécurité, je suis comblée. Sauf que cette sécurité est illusoire.

« En réalité, j'en ai marre des beaux gars fauchés, j'en ai marre de jouer les seconds violons. Il faut que j'apprenne à remettre mes cartes de « maman » et de « peur de l'engagement » dans mes poches pour en jeter de nouvelles. Encore faut-il que j'identifie mes nouvelles cartes et que j'ose, pour une fois. »

Je l'ai dit au début de ce chapitre : « La peur de la perte des acquis est plus forte que l'appât du gain. » Il faut donc une bonne dose de courage pour « oser, pour une fois ».

J'assistais un jour à une conférence de Germain Duclos, un très grand pédagogue. Celui-ci a lancé une phrase qui s'insère parfaitement dans le processus d'élimination systématique : « Choisir, c'est renoncer ». Lorsque nous décidons de jeter de nouvelles cartes dans le but de construire une relation sur de nouvelles assises, sommes-nous prêts à renoncer à ce que notre vieux modèle nous apportait ? Avec ce vieux modèle, nous sommes certains de nos gains. Mais que nous réserve un nouveau type de relation ? Jean-Claude, quoi qu'il en dise, aime bien jouer les sauveurs, même si ce rôle, cette carte, lui a souvent coûté très cher. Dans son rôle de sauveur, il se sent utile et aimable. Pourra-t-il renoncer à la sécurité que lui apporte cette façon d'agir ? Peut-il arriver à croire qu'il est digne d'amour sans nécessairement, pour cela, devoir prendre en charge la vie de l'autre ?

Mélanie, de son côté, trouve son compte lorsqu'elle traite ses conjoints comme des enfants. Sa mère traitait son père et les hommes de son entourage de cette façon. Dans ce rôle, Mélanie domine la situation et évite de s'engager trop avant, protégée par cette supériorité qu'elle s'accorde et qui maintient une distance entre elle et son partenaire. Osera-t-elle renoncer à cette sécurité et se lancer dans une relation « sans filet », au risque de se faire mal, pour une fois ?

C'est la question fondamentale que chaque personne doit se poser : Suis-je prête à renoncer à ce que m'apportent les différents rôles que je suis habituée à jouer pour être aimée, tout en mettant l'accent sur de nouveaux aspects de moi-même dont je ne connais pas encore les résultats en termes de gains relationnels ? Dès mon enfance, j'ai réussi à conserver mon objet d'amour grâce à cette stratégie. Changer celle-ci me demande de renoncer à une certitude pour la remplacer par un risque. C'est ce qui se passe chaque fois que je retire une carte de mon poker amoureux pour en jeter une nouvelle.

Poursuivons l'aventure de Jean-Claude dans les méandres du jeu de la séduction pour assister à sa première expérience, où il jette ses nouvelles cartes, où il prend « un risque, pour une fois ».

Un ami insiste pour qu'il rencontre une femme qui siège au même comité social que lui. À son avis, ils sont faits l'un pour l'autre. Il la décrit comme une artiste et une femme très autonome. De plus, elle a ce *look* auquel Jean-Claude ne peut résister. Après quelques tergiversations, Jean-Claude accepte de rencontrer la belle en question. C'est davantage pour faire cesser le harcèlement de son ami que parce qu'il est intéressé à rencontrer la « perle rare ». Jean-Claude a fini par se dire que le célibat n'est pas une si mauvaise chose et qu'au fond, il n'est peut-être pas fait pour la vie de couple. Ce sont des choses qu'on se dit, parfois.

La belle en question s'appelle Annik. Et pour être belle, elle l'est. De grands yeux verts, une allure de femme prête à mordre dans la vie et un sourire éclatant. C'est elle qui prend les devants. Elle demande à Jean-Claude ce qu'ils peuvent bien avoir en commun pour que leur ami réciproque ait autant insisté pour qu'ils se rencontrent. La discussion s'anime, et Jean-Claude se laisse porter par le charme de cette rencontre fort inhabituelle. Annick et Jean-Claude découvrent rapidement qu'ils ont plusieurs champs d'intérêts communs et des similitudes dans leurs parcours amoureux. Tous deux en sont à cette étape charnière de la vie qui nous amène à remettre en question les raisons même qui nous ont poussé à vivre en couple. Oui, elle est une artiste et son art lui assure une sécurité financière qui fait d'elle une femme très autonome. Annik n'a rien en commun avec les femmes que Jean-Claude a l'habitude de fréquenter. Toutes sortes de questions se bousculent dans sa tête. Il doit se rendre à l'évidence, il adore la présence de cette femme. Mais que peut-elle espérer d'un homme comme lui ? Sera-t-il à la hauteur ? Et comment sera la vie avec une femme toujours pleine de projets, qui poursuit une carrière magnifique, qui est engagée dans toutes sortes de luttes et qui n'attendra jamais de lui qu'il mène sa vie ?

Après cette première rencontre qui semble ne durer qu'un instant et qui pourtant s'est étalée sur plus de deux heures, ils échangent leurs coordonnées en se promettant de se revoir bientôt.

Il faut plusieurs jours à Jean-Claude pour se décider à appeler Annik. Il est littéralement terrorisé en songeant à tout ce qu'il devra affronter s'il tombe amoureux d'elle. Sa plus grande peur est indéniablement le rejet. Il a l'impression qu'il est sans intérêt pour une femme comme elle, qu'elle ne lui a demandé de lui téléphoner que par pure politesse. Pourtant… Pourtant, ces yeux-là ne peuvent mentir. Puis il se dit qu'il n'a rien à perdre, sauf… sauf s'il attend. Une femme comme elle ne doit sûrement pas manquer de soupirants.

Et parmi les nombreux hommes qu'elle fréquente dans son milieu, il y en a sûrement des dizaines qui méritent davantage son amour. C'est là toute la question. Jean-Claude se demande s'il est suffisamment aimable, digne de l'amour d'une femme aussi différente de toutes celles qui l'ont aimé jusque-là.

C'est le répondeur qui met fin à ses angoisses. Un soir, en rentrant, il trouve un message d'Annik. Elle s'excuse de ne pas avoir téléphoné plus tôt, mais elle a dû partir en catastrophe pour New York et ne sera de retour que le mercredi suivant. Jean-Claude n'a pas été aussi heureux depuis la première fois où une fille a accepté de sortir avec lui. Il tourne en rond dans la maison ; il se prépare un second café, oubliant qu'il n'a même pas bu le premier ! Décidément, Annik prend déjà beaucoup de place dans sa vie.

Il se dit : « Pourquoi pas ! Et si je prenais un risque, pour une fois ! Je suis aussi un artiste, à ma manière. Et je suis plus un intello que je ne le croyais. Et, surtout, j'ai envie d'une relation différente. Je ne sais vraiment pas où ça va me mener, mais une chose est certaine : je suis mûr pour aller ailleurs. »

Aujourd'hui, Jean-Claude et Annik forment un couple qui fait l'envie de tous. En jetant ses nouvelles cartes, Jean-Claude a découvert un nouveau lui-même, et ce nouvel homme lui plaît. Bien sûr, il a dû faire taire de vieux réflexes. Ce qui a provoqué de petits conflits au départ : habitué à un certain type de relation, il agissait et réagissait avec sa nouvelle conjointe comme il avait toujours fait avec les autres. Mais voilà, les règles du jeu avaient changé, et il a réappris à aimer selon les nouvelles cartes qu'il avait jetées dans le poker amoureux. Il est conscient aujourd'hui qu'il n'a renoncé à rien à quoi il tenait vraiment. Mais pour cela, il a dû reconnaître que ses cartes du connu l'ont leurré durant de nombreuses années.

À l'instar de Jean-Claude et d'Annick, je vous invite à voir comment se passe votre « délimitation de l'espace amoureux ». Voyez en fonction de quels critères vous arrêtez vos choix et quels sont les qualificatifs que vous donnez aux personnes que vous «spottez». À partir de là, identifiez vos éléments d'élimination systématique. Les raisons qui nous poussent à écarter un candidat nous éclairent sur nos insécurités ou notre peur du rejet.

Cet exercice vous permettra d'identifier votre processus de séduction et plus spécifiquement les éléments de ce processus qui vous sécurisent. À partir de cette identification, vous serez en mesure de reconnaître les cartes que vous jetez et de déterminer si ces dernières sont des cartes du connu dont vous ne voulez plus, ou si votre jeu correspond à vos véritables attentes.

En sachant à qui je fais la cour et pourquoi je porte mon choix sur telle ou telle personne, je me donne la chance de jeter de nouvelles cartes dans le poker amoureux.

Musées et autres lieux

Sortir du cercle vicieux amoureux implique forcément que nous changions quelques comportements acquis au fil des ans. Même en ayant bien identifié les cartes de notre poker amoureux et après avoir déterminé les nouvelles cartes que nous sommes prêts à jeter, il nous reste encore à nous donner la possibilité de rencontrer des personnes qui correspondront à nos nouvelles attentes. Il faut «CHANGER DE MILIEU».

Nous avons joué un ou plusieurs rôles dans nos relations depuis de nombreuses années. Nous avons aussi choisi des lieux de rencontre en concordance avec ces rôles. En conséquence, nous sommes souvent exposés, dans ces lieux, à un même type de personnes qui risque fort de correspondre à notre ancien jeu de cartes. De plus, les personnes que nous fréquentons ont des attentes précises par rapport au rôle relationnel que nous jouons avec elles. En fait, ceux avec qui nous sommes habitués de vivre au quotidien nous enferment involontairement dans un rôle ou une image qui ne correspond peut-être plus à ce que nous sommes. Notre milieu familier détermine les rôles que nous pouvons jouer, et il nous sécurise. Changer ces rôles risque fort de nous priver de ce sentiment de sécurité.

Si nous désirons mettre en évidence de nouvelles facettes de nous-même, il est préférable de changer de milieu, ou de loisirs.

Nous discutons, un ami et moi, en prenant un café. Séparé depuis deux ans, cet ami ne voit pas comment il arrivera à rencontrer à nouveau quelqu'un. Il me fait remarquer que les rencontres galantes ont surtout lieu sur les bancs de classe ou en milieu de travail. Or, il y a belle lurette qu'il a quitté l'université et l'endroit où il travaille depuis bientôt dix ans est loin d'être propice à de nouvelles rencontres. Pour ajouter à ce dilemme, son ex-conjointe travaille dans la même boîte, où il est désormais perçu comme l'ex de la directrice des ressources humaines. Il a bien tenté quelques expériences dans des bars, mais s'est vite découragé. L'atmosphère bruyante et enfumée des discothèques ne met pas du tout en évidence les charmes de ce célibataire forcé. Je lui conseille d'aller au musée. Il s'étonne et je renchéris :

– Oui… Va au musée !
– Là, je ne te suis pas du tout. Tu te fous de moi, ou quoi ? Qu'est-ce que tu veux que j'aille faire au musée ?
– Mais rencontrer la femme de ta vie, tout simplement ! Choisis une exposition qui t'intéresse et va y faire un tour. Ensuite, trouve, parmi les visiteurs, une femme qui te plaît. Observe-la. Au moment où elle semblera s'intéresser à une œuvre qui t'intéresse aussi, engage la conversation. Vous avez déjà un point de départ, une similitude. Toi, tu dragues avec ton bagout, ta parole. Ne t'étonne pas d'être rentré bredouille des discothèques ! Là, au musée, tu auras tout l'espace propice pour mettre en valeur ce que tu es. Sans compter que, dans un musée, tu

risques fort de tomber sur une femme très différente de ton ex-femme, ce qui te fera le plus grand bien.

Je poussais un peu fort avec mon histoire de musée, mais mon copain a compris où je voulais en venir. Lorsqu'on est enfermé dans les vieilles habitudes et dans les «tenu pour acquis», il est facile de répéter le connu, même en situation de séduction. Lorsqu'on se lance dans un processus de séduction basé sur de nouvelles cartes à jeter dans un milieu qui correspond aux anciennes cartes, il est presque inévitable que l'on retombe dans les pièges des cartes du connu. Pour être en mesure de jeter de nouvelles cartes, il est préférable de le faire dans un nouveau milieu.

Lors de notre tribune téléphonique, nous avons reçu l'appel d'une dame qui déplorait le fait de toujours avoir le même type de conjoint. La dame en question travaillait au mess des officiers d'une base militaire, et l'ensemble des hommes de sa vie, depuis ces dernières années, avaient embrassé cette profession. Il m'est apparu très clairement que le type «militaire» ne correspondait pas aux attentes de notre auditrice. Par contre, son travail l'exposait quotidiennement à une multitude de possibilités de rencontre, et elle espérait chaque fois dénicher l'oiseau rare qui comblerait ses attentes. Sans succès, malheureusement.

R.B. : Je crois que vous êtes devant une évidence, chère madame, les militaires ne vous conviennent pas. Changez !

D. : Je crois que vous y allez un peu fort. Je dirais même que vous avez des préjugés. Voyons, tous les militaires ne sont pas les mêmes.

R.B. : C'est tout à fait vrai. Tout comme les dentistes, les notaires, les fonctionnaires ou les serveuses sur les bases militaires. Cependant, il est indéniable que ce qui attire une personne vers une profession plutôt qu'une autre révèle souvent une partie de sa personnalité. Dans un autre ordre d'idée, les gens qui vous rencontrent dans votre travail ne voient qu'une partie de vous-même. Peut-être êtes-vous différente à la maison ou avec vos amis. Ce que je veux dire, c'est qu'au-delà des similitudes entre vos conjoints, il y a l'image que vous projetez. Si vous désirez rencontrer un type d'homme différent, il serait sans doute intéressant de vous permettre d'être une femme différente de celle que vous êtes au travail.

D. : Vous essayez de me dire que c'est moi qui m'attire des hommes qui…

R.B. : Je vous dis que le milieu dans lequel on évolue, l'endroit où l'on fait une conquête détermine souvent le type de rencontre qu'on y fait et le rôle qu'on y joue.

D. : Vu comme ça, c'est différent. Vous pensez que je dois sortir si je veux rencontrer quelqu'un. Et éviter les militaires (rire).

R.B.. : Je pense que vous avez tout intérêt à vous montrer sous un nouveau jour et à explorer des lieux de rencontre qui correspondent davantage à ce que vous êtes.

D. : Peut-être… Oui. Alors, je vais où ?

R.B. : Ça, ce n'est pas à moi de vous le dire. Déterminez les lieux où vous êtes le plus à votre avantage, où vous avez un maximum de chances de rencontrer des personnes qui vous ressemblent, qui partagent vos goûts, vos valeurs. Allez là où vous n'êtes pas seulement la gentille et serviable employée que tout le monde connaît.

D. : (rire) Ça va, je comprends. Vous êtes libre après l'émission ? (rire)

Si nos lieux de séduction nous limitent dans nos choix, choisir de nouveaux lieux exige une bonne dose de courage et de connaissance de soi. Du courage, car ces choix nous propulsent à l'extérieur de notre zone de confort, de nos cartes du connu : il est plus difficile d'être assuré de notre capacité de séduction en présence de personnes différentes de notre archétype habituel. Cela nécessite une bonne dose de connaissance de soi, parce que sans connaître les nouvelles cartes, il est fort difficile de choisir des lieux propices à des rencontres adaptées à de nouvelles attentes d'adulte.

Le processus de séduction que nous répétons aveuglément correspond à une zone de confort. En son sein, nous sommes toujours assurés d'être gagnants. Quitte à ce que ces gains soient inadaptés à nos besoins du moment. Voyons le cas de Joanie, qui a été projetée, bien malgré elle, à l'extérieur de sa zone de confort.

Le cas de Joanie : une projection à l'extérieur de la zone de confort

Joanie est mère de trois enfants âgés de quatre à huit ans. Divorcée depuis un an, elle a la charge complète de sa progéniture et partage ses semaines entre la maison et le travail. Très occupée, il va s'en dire, elle ne se donne pas beaucoup de temps pour sa vie amoureuse. Ce célibat lui pèse et elle sort de temps à autre avec des copines, espérant, en ces rares occasions, trouver l'âme sœur. Ses obligations familiales sont telles qu'elle est persuadée qu'il lui sera difficile de trouver un homme qui voudra d'elle. Les amateurs de « famille instantanée » ne sont pas légion. Elle est pourtant mignonne, a les cheveux blonds courts et de grands yeux pers. Elle sait qu'elle plaît aux hommes qui l'entourent.

Elle se retrouve, un matin de mai, à la clinique médicale avec son plus jeune enfant, qui souffre d'une sinusite carabinée. Comme à l'habitude, l'attente sera longue avant de voir le médecin. «Au moins trois heures», lui a dit la réceptionniste d'un ton désabusé. Joanie voit mal comment elle va faire patienter son fils pendant trois heures.

Un papa fait son entrée dans la salle d'attente, accompagné d'une petite fille qui a une vilaine toux. La toux est vilaine, mais le papa ne l'est pas du tout. Mince, belle carrure et cheveux légèrement bouclés, il a la barbe de celui qu'on a tiré du lit à la hâte. Pas mal! se dit Joanie. Père et fille s'asseyent devant Joanie et son fils. Le papa parle doucement à l'oreille de la petite, la consolant de ses malaises. Celle-ci doit avoir à peu près l'âge du fils de Joanie. Elle se lève, se dirige vers la table attenante à la rangée de chaises et en revient avec un livre qu'elle tend à son père. Celui-ci la prend sur ses genoux et commence à lire calmement *Les trois petits cochons.* Sa voix correspond parfaitement à son physique : calme, chaude et forte. Le lecteur n'a pas que sa fille comme auditrice. Le fils de Joanie, Nathan, est tout oreille. Il en a même oublié sa sinusite. Sa mère, bien malgré elle, se laisse aussi porter par le charme du conteur. À la fin de l'histoire, la petite applaudit, tout de suite imitée par Nathan. Le père se met à rire et dit à Joanie : «Elle fait toujours ça. Pourtant, elle connaît cette histoire par cœur.» L'épisode de lecture a été amplement suffisant pour amorcer une complicité entre les deux enfants, qui ont trouvé crayons et papier et qui décident de dessiner ensemble à même le sol.

Les parents se retrouvent seuls, face à face. S'amorce alors une discussion banale sur l'état de santé de leurs enfants. La petite se prénomme Camille et souffre d'une bronchite dont les antibiotiques ne semblent pas venir à bout. Elle a toussé toute la nuit, ne s'est endormie que vers quatre heures. Ils se sont amenés ici dès son réveil.

«Papa, j'ai faim!» Camille, venue rejoindre son père, met un terme à la conversation. La petite et son père n'ont pas encore pris leur petit-déjeuner, car la toux de la gamine lui donnait la nausée. Le père lui propose d'aller prendre un petit quelque chose au café d'à côté. De toute façon, ils ont encore pas mal de temps à tuer avant de voir le médecin. Il invite Joanie et Nathan à se joindre à eux. « Dis oui, maman ! » s'écrie Nathan, enthousiaste. Heureuse de voir son fils prendre du mieux, Joanie accepte.

Ils se retrouvent devant un solide petit-déjeuner : œufs, crêpes et bacon. Ça sent bon, la vie pas compliquée. Lui s'appelle James et est photographe. Il travaille pour différents magazines et comme pigiste, parfois. Il était avocat, mais ne se plaisait pas dans ce milieu de travail. Pour Joanie, qui est comptable, le monde de James est totalement inconnu. C'est une anxieuse qui vit très mal l'insécurité. De son côté, James semble avoir une vie de bohème pleine de rebondissements imprévus, qu'il conjugue parfaitement avec sa paternité, surtout depuis que « la mère de Camille est partie », comme il dit. Joanie lui parle de sa situation de mère célibataire, de son divorce, de la lourde charge que représentent ses trois enfants. Il l'écoute. Il comprend. Au cours de ce petit-déjeuner improvisé, Joanie découvre que James lui plaît.

Parents et enfants retournent à la clinique pour découvrir qu'ils doivent patienter pendant une heure encore. Joanie l'a secrètement espéré. Les enfants retournent à leurs jeux, les parents à leur discussion. Oui, la vie de parent célibataire n'est pas de tout repos. Tous deux s'entendent pour déplorer le peu de place qu'elle laisse à la vie sociale, aux loisirs et à la détente. Ils rient de leurs choix d'émissions de télé et de lectures, souvent imposés par les enfants. James a dû voir *Bambi* au moins vingt fois ! Et que dire des émissions pour enfants que Camille regarde soir après soir en exigeant la présence de son père ! L'échange est émaillé de silences. Mais même dans ces moments-là, la communication semble se poursuivre. Le charme est rompu lorsque le médecin appelle Nathan. Sa mère le prend par la main et lance un « à une prochaine, peut-être ? » en se retournant vers James. Celui-ci rétorque : « Je l'espère bien ! »

Tout au long de la consultation, Joanie a beaucoup de difficulté à se concentrer sur les paroles du médecin. Elle pense à James, si différent des hommes qu'elle côtoie. Elle repasse dans sa tête chacune des phrases de leur conversation, essayant d'y déceler des pistes qui lui permettront de croire que l'attirance a été réciproque. Elle en arrive à la conclusion que James n'a été que poli, sans plus. Que sa gentillesse n'avait pour but que d'alléger un moment pénible.

Nathan doit passer une radiographie. Le médecin veut évaluer l'état de sa sinusite. En sortant du cabinet, Joanie constate que James et sa fille ne sont plus dans la salle d'attente. Ils ont probablement été appelés par un des médecins de garde. Les derniers espoirs de la jeune femme s'envolent. Sans doute ne reverra-t-elle jamais James. Mère et fils remontent dans la voiture pour aller à la clinique de radiologie.

En sortant de la salle de radio, Joanie se retrouve nez à nez avec James, qui porte Camille dans ses bras. La tête appuyée sur son épaule, la petite somnole. Le visage de James s'éclaire. Joanie, pour sa part, sent son cœur battre la chamade. Elle envie cette tête négligemment posée sur ces fortes épaules. James chuchote : « Je ne croyais pas vous revoir aussi vite ! Camille doit subir une radio pour ses poumons. Décidément, nos chemins se croisent. » Souriant de toutes ses dents, il ajoute : « Ne vous sauvez pas une deuxième fois ! » Puis il entre avec sa fille dans la salle de radiographie. À leur retour, Joanie et son fils sont toujours là, attendant les résultats de l'examen. « Je suis très content de voir que vous êtes encore là », dit James. « Ça vous plairait qu'on se revoie ailleurs que dans une salle d'attente ? » Joanie reste sans voix. Elle rougit, elle sait qu'elle rougit. Elle déteste rougir. D'un hochement de tête, elle acquiesce. James sort un bout de papier de la poche de son veston élimé et y griffonne son numéro de téléphone. Leurs mains se touchent. Il emprisonne les mains de Joanie dans les siennes, l'attire vers lui et l'embrasse. Il l'embrasse, il l'embrasse vraiment! Les enfants restent là, les bras ballants, à regarder la scène. Étourdie, désarçonnée, Joanie se détache de James et farfouille dans son sac à main pour y trouver un papier pour y noter son adresse et son numéro de téléphone. N'eussent été des enfants, elle aurait bien passé le reste de la journée avec lui! Mais sans les enfants, ils ne se seraient jamais rencontrés. Après une promesse de retrouvailles hâtivement formulée, compte tenu de la toux de Camille, James et Joanie se quittent et reprennent le chemin de leurs foyers respectifs.

Joanie n'en revient pas, ne se reconnaît pas. Elle est amoureuse d'un homme qu'elle ne connaît que depuis moins de quatre heures. Mais comment ai-je pu plaire à cet homme dans cette clinique? se demande-t-elle. Physiquement, elle n'était vraiment pas à son avantage. Pas coiffée, pas maquillée, elle est partie pour la clinique sans s'inquiéter de son apparence. De prime abord, elle ne s'est pas non plus souciée de plaire à cet homme. Elle s'est contentée de lui donner la réplique dans une conversation banale qui n'avait pour objet que de tuer le temps. Pourtant, sans le vouloir, sans même s'être mise dans un état d'esprit de conquête, sans même avoir songé à séduire, elle a plu à ce James si séduisant.

Joanie s'est tout simplement retrouvée à l'extérieur de sa zone de confort sans s'en rendre compte. Habituellement, lorsqu'elle sort dans le but de rencontrer quelqu'un, elle organise tout un scénario destiné à plaire. Coiffure, maquillage, toilette... Tout, dans l'image projetée, veut laisser entendre qu'elle est plus jeune que son âge. Mais elle choisit des endroits fréquentés par des célibataires que sa situation de mère risque de refroidir. Son état d'esprit est différent, lui aussi. Lorsqu'elle sort pour rencontrer l'âme sœur, elle se crée un personnage qui, le croit-elle, saura plaire aux hommes qu'elle rencontrera. Ces hommes, elle les connaît. Elle jette généralement son dévolu sur ceux qui lui semblent peu entreprenants, stables et « comme il faut ». Elle se retrouve ainsi généralement avec des garçons qui l'ennuient et qui prennent la poudre d'escampette quand ils se rendent compte que Joanie est mère de trois enfants.

Dans la salle d'attente, elle n'était pas du tout sur ses gardes et s'est laissé approcher par un homme à qui, autrement, elle n'aurait jamais adressé la parole. Du fait qu'elle était accompagnée de son fils, il lui était impossible de cacher sa situation familiale. De toute façon, elle n'en avait nullement l'intention. D'emblée, elle a annoncé ses couleurs à cet homme, ignorant qu'elle était en situation de séduction. Malgré elle, elle a jeté de nouvelles cartes dans son jeu, choisissant un lieu différent de ses lieux habituels de rencontre et acceptant la compagnie d'un homme totalement différent du modèle qui, selon elle, correspondait à sa capacité de séduction. Une fois lancée, elle a eu le courage de reconnaître qu'elle était à l'extérieur de sa zone de confort et a accepté de continuer, de « prendre un risque, pour une fois ». Ce sont ses cartes de mère, de comptable, de fille pas compliquée et de femme qui fait contre mauvaise fortune bon cœur qui ont plu à James. Un tout autre jeu que celui de la belle et jeune professionnelle un peu vamp qu'elle a l'habitude de projeter dans ses jeux de séduction ! Aujourd'hui, James et Joanie sont toujours ensemble. Un cinquième enfant, fruit de cette union, s'est ajouté aux quatre autres.

Est-ce une relation libre ?

Voici une façon infaillible de découvrir si les cartes que vous jetez dans votre poker amoureux correspondent au type de relation que vous désirez vraiment. Il faut pour cela déterminer si vous vivez une relation « libre ». Je m'explique :

Après un peu plus de neuf années de vie commune, ma conjointe et moi avons décidé de nous marier devant Dieu et devant les hommes. Nous souhaitions ajouter un aspect plus religieux à notre union. À cette époque, notre premier enfant était déjà né et ma conjointe l'allaitait toujours. Compte tenu d'un horaire qui dépendait de cet allaitement, il nous était impossible d'assister aux cours de préparation au mariage selon l'horaire proposé aux futurs époux. On nous a offert une solution de rechange, qui consistait en quelques rencontres en privé avec un prêtre. Nous étions invités à explorer, avec lui, les différentes modalités de l'engagement religieux dans le mariage. Notre fils, tantôt sur les genoux de ma femme, tantôt dans son siège de bébé, agrémentait nos discussions de son babillage. Le deuxième jour de nos rencontres, le prêtre nous a demandé : « Est-ce que vous vous mariez librement ? » La question m'a paru un peu farfelue et je lui ai répondu à la blague que les mariages obligés n'existent plus depuis belle lurette. Il a répété sa question : « Est-ce que votre mariage est un mariage libre ? » Cette fois, ni ma femme ni moi n'avons compris où il voulait en venir. Je lui ai expliqué que je m'étais toujours senti uni à la vie à la mort à ma conjointe et que notre démarche n'avait d'autre but que d'ajouter une dimension plus spirituelle à notre amour. Un long silence. J'attendais, ma femme aussi. Il nous regardait. Finalement, il a repris la parole et a dit : « Je crois que je me suis mal exprimé. Voyons la chose autrement. Dites-moi, chacun d'entre vous, ce que l'autre libère en vous. Mieux, écrivez-le ! Ah, le beau cadeau qu'il venait de nous faire ! Il m'a fallu presque deux pages pour écrire tout ce que ma femme a libéré en moi : l'amour des enfants, des animaux, l'acceptation de l'autre dans ses différences, la persévérance, la ténacité dans l'épreuve... J'ai découvert, avec cette femme, tout le charme de la vie au quotidien et la joie de construire à deux en partageant des idéaux communs. Oui, je vis une relation libre, une relation qui me rend plus libre que jamais d'être pleinement moi. Cette simple question du prêtre m'a fait prendre soudainement conscience de toute la richesse de ma relation.

Aux premiers moments d'une relation ou même à chaque moment d'une union, il est souhaitable de pouvoir se demander ce que l'autre libère en nous. Quelle est l'émotion, ou *les* émotions libérées grâce à cette relation ? C'est le baromètre par excellence pour mesurer la qualité du rapport de couple dans lequel on est engagé. Malheureusement, cette liste n'est pas toujours aussi remplie de belles choses que l'est la mienne. Souvenez-vous de Julie. Sa relation avec Claude, l'oncologue, a tourné au vinaigre parce que celle-ci ne libérait en Julie qu'une image très négative d'elle-même. Rappelez-vous les doléances qu'elle exprimait par rapport à leur vie à deux :

> « J'ai l'air d'une parfaite ignorante avec tes amis. Vous passez tout votre temps à parler de choses que je ne comprends pas !
>
> « Et puis, j'ai toujours l'impression d'être en retard avec toi : les livres que j'aurais dû lire, les films que je n'ai pas vus... les pays où je ne suis pas allée... Vous avez passé la soirée à parler de vos voyages en Chine ! Je n'y suis jamais allée, moi, en Chine ! Je suis fatiguée de me sentir stupide et de passer mes soirées à dire "Ah oui ! Ah bon !" et à sourire en espérant que vous allez enfin traiter d'un sujet qui m'est un tant soit peu familier !
>
> « Tu ne me vois même pas lorsque tu es avec tes amis. Tu m'oublies là, puis tu me récupères à la fin de la soirée.

Je ne suis pas une de tes internes, moi, ni un bibelot qu'on expose pour la galerie !»

Claude avait libéré en Julie l'impression d'être une ignorante, une étrangère dans son milieu. Il lui faisait douter de ses capacités, de la qualité même de sa présence et de sa personne. Il est clair que cette relation ne convenait ni à l'un ni à l'autre et que, par souci d'équilibre, il était souhaitable d'y mettre fin.

Qu'est-ce que l'autre libère en moi ? Voilà une question qui oblige celui ou celle qui la pose à déterminer s'il a fait le bon choix. Cette question s'applique aussi lorsque je fais l'inventaire de mon passé amoureux. Grâce à lui, je suis en mesure de déterminer les points communs, positifs et négatifs, de ces relations, et ces découvertes sont des éléments éclairants qui m'aident à faire de nouveaux choix, des choix différents. Cet outil ne s'applique pas qu'à ma vie amoureuse. Il est très utile pour m'éclairer par rapport à mon travail, à ma famille ou à toutes mes relations avec autrui.

J'ai raconté notre entretien avec le prêtre à mon auditoire de tribune téléphonique. J'ai reçu ensuite un appel qui a fort bien complété mon propos.

Le cas de Jeanne

R.B. : Nous prenons un appel de Jeanne, de Montréal. Bonsoir, Jeanne.

J. : Bonsoir à vous. Je tiens à vous féliciter pour le beau témoignage d'amour que vous venez de partager avec nous. J'espère que votre femme est à l'écoute.

R.B. : Merci. Je crois bien que oui. Alors, Jeanne, vous avez un commentaire, ou une question ?

J. : Les deux. Que faut-il faire si notre conjoint ne libère rien en nous ? Je veux dire que j'ai tenté de faire l'inventaire de ce que mon mari libérait en moi et je n'ai rien trouvé. Ça me fait un peu peur.

R.B. : Je comprends. Prenons la question à l'envers, si vous le voulez bien. Qu'est-ce que vous, vous libérez en lui ?

J. : La même chose : rien ! Nous sommes mariés depuis très longtemps, les enfants sont partis, j'ai mon travail. Il n'a pas nécessairement besoin de moi pour quoi que ce soit. Ni moi de lui.

R.B. : Je vois. Vous croyez que pour libérer quelque chose en l'autre, il faut devoir faire quelque chose pour l'autre. Je me suis mal exprimé. Il ne s'agit pas de savoir ce que votre conjoint fait pour vous, mais bien ce qu'il vous fait, comment vous vous sentez avec lui. Vous comprenez ?

J. : Un peu.

R.B. : Dites-moi, comment vous sentez-vous avec votre conjoint quand vous vous retrouvez le soir à la maison après le travail ?

J. : Bien. Je me sens bien. Je ne serais sûrement pas restée mariée avec cet homme si longtemps si je ne m'étais pas sentie bien avec lui.

R.B. : À la bonne heure. Alors, commençons par cela. Je dirais que votre conjoint libère du bien-être en vous. Vous me suivez ?

J. : Je crois.

R.B. : Vos enfants viennent parfois à la maison ?

J. : Oui.

R.B. : Quand vous êtes tous réunis, vous, votre conjoint et vos enfants, comment vous sentez-vous ?

J. : Dans ces moments-là, je suis contente et fière de ma famille.

R.B. : Alors, je poursuis mon exercice et je vous dis que votre mari libère la joie et la fierté en vous. C'est plus clair ?

J. : Ah oui ! C'est comme ça. C'est bien plus comment je me sens dans ce que je fais avec lui que dans ce qu'il fait pour moi !

R.B. : Oui, dans ce que vous faites ou dans ce que vous vivez avec lui.

J. : Vous croyez que, comme vous et votre femme, on devrait faire notre liste ensemble ?

R.B. : Pourquoi pas ? Cet exercice peut être une expérience fort romantique qui vous rapprochera tous les deux.

J. : C'est bon, ça. Je vais essayer. Bonsoir.

Après avoir identifié vos cartes et accepté de prendre un risque, pour une fois, en sortant de votre zone de confort, voyez si la relation que vous vivez correspond à vos attentes du moment en identifiant ce que l'autre libère en vous. Pour ce faire, prenez le temps de mettre cette liste par écrit, en deux colonnes. Une pour les aspects positifs, l'autre pour les négatifs. Le fait de faire la liste par écrit plutôt que de la faire mentalement vous permettra de comparer plus adéquatement la taille, le poids des deux colonnes. Cela vous évitera aussi de mettre l'accent inutilement sur un ou deux aspects de cette liste qui sont peut-être plus présents à votre mémoire du fait qu'ils proviennent d'un passé récent.

C'est le plus beau cadeau de mariage qu'on m'ait jamais fait. À vous maintenant de vous offrir ce cadeau qui vous donnera un éclairage très juste de la santé de votre relation, et qui vous révélera ce que vous voulez voir disparaître ou apparaître lors d'un engagement futur.

CE QUE L'AUTRE LIBÈRE EN MOI

Émotions et aspects positifs	Émotions et aspects négatifs
___	___
___	___
___	___
___	___
___	___
___	___
___	___
___	___
___	___
___	___
___	___
___	___

L'adéquation

Voyons maintenant une dernière façon de jeter de nouvelles cartes dans notre jeu et de nous assurer que nous jetons les cartes appropriées à nos attentes. Cette méthode, c'est « L'ADÉQUATION ».

Le grand dictionnaire terminologique définit l'adéquation comme étant : l'« action de concevoir un produit de manière à satisfaire ou à dépasser les attentes ». J'ajouterai que, dans le cas qui nous intéresse, c'est une équation qui renferme sa propre solution. Nous est-il possible de concevoir, dans le sens d'imaginer, d'engendrer ou d'inventer, une relation affective entre deux êtres, en l'occurrence nous-même et l'autre, qui puisse satisfaire et même dépasser nos attentes initiales ? Répondre par la négative équivaudrait à sonner le glas de toute relation amoureuse. Chaque personne qui aime souhaite bâtir son couple de façon que celui-ci puisse combler un certain nombre d'attentes. Mais encore faut-il, pour ce faire, avoir en main les outils appropriés.

L'adéquation proposée ici se traduit par la formule suivante. Ne soyez pas surpris si elle transcende les lois des mathématiques habituelles. La mathématique du couple obéit à ses propres règles. Cette formule peut s'écrire ainsi :

$$1 + 1 = 1 \text{ puisque } 1 = 1$$

Bon. À partir de cette formule, ou on me donne un doctorat honorifique en mathématiques modernes ou on m'enferme chez les fous pour cause d'araignée dans le plafond.

Alors, de façon à éviter la deuxième éventualité, écrivons notre formule de façon algébrique. Ce qui donne :

$$A + B = A \text{ OU } B \text{ PUISQUE } A = B$$

Donnons maintenant des valeurs aux éléments de l'équation. **A** est égal à **ce que j'aime** et **B** est égal à **ce que je veux**. Ce qui signifie que **ce que j'aime**, additionné à **ce que je veux** doit être l'équivalent **de ce que j'aime** ou de **ce que je veux,** car il est impératif que **ce que j'aime** et **ce que je veux** soient la même chose.

Autrement dit, lors d'une relation, posons-nous cette question en deux volets :

Est-ce ce que j'aime ? Est-ce ce que je veux ?

Si la réponse à l'une ou l'autre question est négative, il est fort probable que cette relation n'est pas en mesure de satisfaire ou de dépasser mes attentes. Cette équation contient sa propre solution. Est-ce que je peux faire en sorte que « ce que j'aime » et « ce que je veux» deviennent une seule et même chose? Ce que je vis avec l'autre, ce qu'il ou elle libère en moi est-il véritablement «ce que j'aime» *et* «ce que je veux»?

Souvent, les partenaires ne sont pas harmonisés. Ce qui a pour effet d'engendrer des malaises généralement mal identifiés. En continuant à vivre une relation dont certains éléments nous plaisent, mais qui ne correspond pas à nos attentes fondamentales, nous nous enlisons dans les cartes du connu. Nous sommes pris dans le cercle vicieux amoureux.

Dans le cas de Jean-Claude, que nous avons exploré en détail, nous avons appris que celui-ci aimait bien jouer les sauveurs et les pourvoyeurs. Ces deux rôles lui donnaient un sentiment de sécurité et de déjà vu. Mais jouer ces rôles lui avait coûté trop cher et il savait que ce n'était plus cela qu'il voulait. En présence d'une éventuelle conjointe qui ferait appel à ces deux traits de sa personnalité, à ces deux cartes du connu, Jean-Claude était maintenant capable de déceler si cette relation allait combler ou dépasser ses attentes. Il se dirait:

- Est-ce que j'aime?
- Oui, j'aime bien jouer les sauveurs et les pourvoyeurs. Ce sont des rôles faciles pour moi et je sais que j'ai plus de facilité à plaire aux femmes qui cherchent ce genre d'homme.

- Est-ce que je veux cela?
- Non, merci. J'ai déjà donné. Je sais que je m'enlise dans ce genre de relation et qu'à la longue, ça ne me mène nulle part. Si je choisis de poursuivre, je vais demeurer dans ma zone de confort et je n'obtiendrai rien qui ressemble à mes nouvelles attentes.

Comme pour Jean-Claude, «ce que j'aime» nous ramène parfois à nos cartes du connu, à notre zone de confort. Le «ce que je veux», pour sa part, reflète bien souvent les nouvelles attentes que nous nous sommes fixées en fonction de notre parcours sentimental. Lorsque les deux éléments de notre équation se rencontrent, c'est que nous avons fait un choix éclairé parmi nos cartes du poker amoureux et qu'une fois celles-ci jetées dans le jeu de l'amour, nous engendrons un couple qui vit à la mesure de nos attentes.

Affirmer « Oui, c'est ce que *je* veux ! » suppose que celui ou celle qui fait cette affirmation a réalisé un choix conscient par rapport à son conjoint et à sa situation de couple. Il ou elle déclare, de façon implicite : « C'est ce que j'ai choisi. » Or, celui qui choisit de façon éclairée ne peut, par la suite, qu'assumer ce choix. Ce qui entraîne des actions qui seront cohérentes par rapport aux choix prédéterminés. Quand nous offrons-nous ce privilège de réaffirmer nos choix par rapport à notre conjoint ? Si, comme nous l'avons dit précédemment, *aimer, c'est préférer,* prenons le temps d'attester de ces préférences. Réexprimer les pourquoi de mon amour, la base de préférence qui m'unit à l'autre, devrait donner une nouvelle vigueur à mon couple ou me replacer devant la nécessité de résoudre l'ADÉQUATION.

Le cas de Mario : lorsque « ce que j'aime » ne correspond pas à « ce que je veux »

Mario a connu Stéphanie alors qu'ils n'avaient tous deux que huit ans. Amis d'enfance, ils ont tissé très serré une relation qui s'est transformée tout naturellement en relation de couple dès le début de l'adolescence. Cette union faisait l'unanimité dans leur entourage : chacun se disait qu'ils étaient faits l'un pour l'autre et qu'ils passeraient sûrement le reste de leur vie ensemble. Arrive l'été de leurs dix-huit ans. Stéphanie quitte Mario pour aller vivre, à la campagne, une expérience de travail au sein d'un projet de remise en valeur du patrimoine écologique. Les adieux sont déchirants et les promesses d'amour éternel se multiplient. Pour Mario, la saison estivale s'éternise et les lettres de Stéphanie sont toujours trop espacées, trop tardives.

À la fin de l'été, Stéphanie revient avec une surprise. Elle est tombée amoureuse du chef de projet et tous deux se marieront dans quelques semaines. Pour Mario et son entourage, c'est le choc, la consternation. Anéanti, Mario s'enferme dans un mutisme qui ressemble très fort à une dépression. Les nouveaux amoureux convolent en justes noces, et Stéphanie part avec son nouvel époux pour s'établir à cinq cents kilomètres de sa famille et de Mario.

Avec le temps, ce dernier finit par accepter le départ de celle qu'il croyait à jamais sienne. Petit à petit, il réintègre la vie quotidienne et ses études. Il emménage seul dans l'appartement qu'il devait partager avec sa bien-aimée, et réussit à se convaincre qu'il rencontrera un jour quelqu'un d'autre. Mario, qui n'a jamais imaginé sa vie sans Stéphanie, s'adapte de façon remarquable à sa triste situation.

Une année s'écoule. Un beau jour, Stéphanie sonne chez lui. La joie de Mario est si intense qu'il arrive à peine à respirer. Ils s'enlacent sans mot dire. Puis, l'échange physique devient torride : la séparation a provoqué de fortes carences chez les amoureux. Ils font l'amour comme s'ils avaient été privés de tout contact sexuel depuis des siècles. Comme si c'était la dernière fois ! Puis, repus, en nage, épuisés, ils demeurent étendus côte à côte en silence. Aucun des amants n'a encore formulé une phrase complète. Appuyée sur un coude, ses longs cheveux collés sur ses épaules, Stéphanie explique à Mario les motifs de sa première fugue. Car il s'agissait bien d'une fugue ! Oppressée par une situation familiale chaotique et des attentes parentales dépassant ses capacités, elle a fui dans les bras d'un prince charmant qui lui présentait une tout autre image d'elle-même et de son avenir. Elle avait l'impression qu'avec Mario, on avait tracé sa vie pour elle, sans lui demander son consentement. Aujourd'hui, elle se rend compte qu'elle a été cruelle. Mario lui pardonnera-t-il un jour son étourderie?

Bien sûr qu'il pardonne! Pour Mario, la réapparition de Stéphanie est un juste retour des choses. Elle peut s'installer chez lui si elle le désire, dans cet appartement qui est redevenu le leur.

Mais il y a un hic. Stéphanie ne revient pas. Elle ne reviendra jamais. Elle est seulement venue faire la paix, s'excuser, demander pardon, mais elle ne peut revenir. Elle attend un enfant! Elle espère que Mario comprendra et qu'ils resteront ce qu'ils ont toujours été, les meilleurs amis du monde.

Mario feint de comprendre, de ne pas avoir mal et accepte ce rôle d'ami amant pour ne pas perdre Stéphanie une seconde fois. Je ne savais pas qu'un homme pouvait pleurer autant, ni qu'on pouvait bercer un homme de quatre-vingt-dix kilos. Et pourtant, je l'ai fait. Écorché, malade de chagrin, Mario a pourtant repris sa vie. Il n'a raconté la visite de Stéphanie qu'à deux ou trois amis très proches. J'étais béat d'admiration devant sa force.

Stéphanie rend plusieurs visites à Mario au cours des années suivantes. Son mari ayant changé de travail, elle s'est rapprochée géographiquement de Mario, ce qui rend les rencontres plus faciles et plus fréquentes. Lui affirme s'être accommodé de la situation. En fait, sa vie sentimentale n'est qu'une interminable attente, parfois interrompue par une brève visite de sa bien-aimée. On dirait qu'elle revient d'instinct chaque fois qu'un nouveau béguin occupe un peu le cœur de Mario, chaque fois qu'il est sur le point d'avoir une nouvelle petite amie.

Les années passent, Mario n'a toujours pas rencontré une autre femme. Il a bien des amourettes de passage, mais son cœur demeure indisponible. Je ne sais trop quel a été l'élément déclencheur qui a modifié son comportement et ses choix, mais un jour, lorsque Stéphanie arrive, il ne fait qu'entrouvrir la porte. Non, il ne la laissera pas entrer. Il a décidé de mettre fin à cette relation sans issue, une fois pour toutes. Stéphanie ne s'en rend peut-être pas compte mais, quand elle repart pour aller retrouver son mari et ses enfants, elle laisse chaque fois un trou plus grand dans le cœur de Mario, dans sa vie et dans son lit. Oui, Mario aime Stéphanie et sans doute l'aimera-t-il toujours. Elle vit dans sa chair et dans son âme, mais ce qu'elle a à lui offrir ne correspond pas du tout à ce qu'il attend de la vie. Il souhaite vivre l'amour au grand jour, avoir sa propre famille, grandir avec sa conjointe au quotidien, bref, avoir une vie à lui. Durant toutes ces années, Stéphanie a eu le meilleur des deux mondes, et il a dû se contenter de miettes. Mais son appétit de vivre lui crie qu'il est temps de remettre la table, sans elle. Mario demande donc à Stéphanie de ne plus lui écrire, de ne plus lui téléphoner, et il lui souhaite d'être heureuse. Il la remercie pour tous ces beaux moments passés ensemble et lui réitère son amour. Puis il l'invite à rebrousser chemin et referme la porte une fois pour toutes. J'avais déjà de l'admiration pour la force de Mario, et cette admiration n'a fait que grandir devant son courage.

Mario avait bel et bien résolu l'ADÉQUATION. Il s'est demandé :

Est-ce ce que j'aime ? et sa réponse a été affirmative. Il aime Stéphanie comme, sans doute, il n'aimera jamais personne. Sa présence l'a toujours comblé de joie. Le simple fait d'entendre sa voix au téléphone le plongeait dans un état proche de l'allégresse. S'il s'était demandé ce que Stéphanie libérait en lui, il aurait sans doute pu énumérer une pléiade d'aspects positifs, comme la joie, la tendresse, la complicité… Puis il s'est demandé :

Est-ce que je veux ? Cette fois, la réponse a été négative. Il est bien conscient du tort que lui a causé cette relation, qui faisait de lui un inadapté affectif, figé émotivement dans l'attente d'un éventuel retour de sa belle. Il voulait une femme, une famille, des enfants, être heureux. Stéphanie ne pouvait rien lui apporter de tout cela. Cette fois, s'il s'était demandé ce que Stéphanie libérait en lui, il aurait pu faire une longue liste de ses insatisfactions et de ses frustrations.

Constatant que CE QUE J'AIME et CE QUE JE VEUX ne pouvaient cohabiter en harmonie et que celle qu'il aimait l'empêchait d'atteindre ce qu'il désirait, il a mis un terme à la relation.

Aujourd'hui, Mario a femme et enfants, quatre pour être précis. J'ai été son témoin le jour de ses noces. Il n'a revu Stéphanie qu'une fois, bien des années plus tard, lors d'un mariage. À la suite de cette rencontre fortuite, il m'a avoué qu'il s'était demandé pourquoi et comment il avait pu supporter pendant si longtemps une relation si incohérente. Sachant que nous faisons nos choix en fonction de nos capacités du moment, je l'ai invité à ne pas se juger trop sévèrement.

Résoudre l'adéquation par une réponse négative ne se fait pas sans difficultés ou dès la première apparition de non-congruence. Il est inutile de se juger trop sévèrement devant la difficulté de mettre fin à ce genre de relation. Après tout, la première question «Est-ce ce que j'aime?» reçoit une réponse positive. Il faut donc du temps, une bonne dose d'insatisfaction et de réponses négatives à la deuxième question «Est-ce ce que je veux?» avant de ressentir le profond malaise qui va contrebalancer l'aspect positif de la première réponse.

Le cas de Claudia: quand «ce que je veux» ne correspond pas à «ce que j'aime»

Je pourrrais vous raconter plusieurs histoires pour illustrer la non-congruence entre «Ce que je veux» et «Ce que j'aime». Je pense à Charles, qui a été courtier en valeurs mobilières durant vingt-cinq ans et qui est rentré chez lui un soir pour remiser sa cravate à tout jamais. Il avait obtenu de la vie tout ce qu'on lui avait dit être important, sans jamais se demander ce que lui voulait, aimait vraiment. Il venait de découvrir que ce qu'il croyait avoir toujours voulu ne correspondait en rien à ce qu'il aimait. Dès lors, il a fait le choix de ne plus jamais se mentir.

Je songe également à André, qui souhaitait tellement vivre en couple qu'il a accepté de s'unir à une femme qu'il ne désirait pas. Il se disait que le désir finirait par germer, car, sur tous les autres points, elle était la conjointe idéale. Leur entente, sur le plan intellectuel, était parfaite ; ils partageaient les mêmes valeurs, avaient des projets de vie qui s'harmonisaient à merveille. Mais, comme aimer c'est pouvoir dire « J'AI ENVIE DE TOI », André n'arrivait pas à être amoureux de sa conjointe, si idéale soit-elle. Il a dû se rendre à l'évidence. Cette femme correspondait à tout ce qu'il voulait, mais il ne l'aimait pas. « Le cœur a ses raisons que la raison ne connaît pas. »

J'ai finalement choisi de vous raconter le cas de Claudia, qui a été ma collègue de travail.

Claudia vit une vie sans histoire avec son mari et sa fille dans leur petite maison de banlieue. Elle se lève tôt le matin pour faire le café et le petit-déjeuner de la gamine, puis elle la conduit à la garderie. Ensuite, elle se rend à la banque, où elle travaille. En fin d'après-midi, elle va rechercher la petite à la garderie, rentre à la maison pour préparer le souper et les casse-croûte du lendemain, soupe avec sa petite famille, et regarde un peu la télévision avec son époux avant d'aller au lit. Ce scénario se répète jour après jour, entrecoupé de week-ends passés à entretenir la maison et le jardin. Claudia se considère comme une femme heureuse. Elle sait que sa vie est assez ordinaire, mais elle et son époux ont trimé dur pour obtenir ce petit bonheur tranquille.

Une dizaine de jours après l'anniversaire de sa fille, elle reçoit les photos qui ont été prises lors de la petite fête. Les sourires de son enfant, radieuse et épanouie, la ravissent. Puis elle voit, sur un des clichés, une dame qu'elle ne connaît pas. Cette femme, qui a l'air avoir une quarantaine d'années, c'est elle ! Claudia est sidérée. Elle n'a que trente-quatre ans ! Comment peut-elle ressembler à ce point à une « madame » ?

Me suis-je laissé prendre par mon rôle de mère et d'épouse au point d'en perdre ma propre identité ? se demande-t-elle. Oui, elle a mis de côté bien des choses pour obtenir ce à quoi elle et son mari ont toujours rêvé. Elle le reconnaît aujourd'hui. Mais le prix de ces sacrifices lui paraît beaucoup trop élevé. Tout d'abord, sa carrière n'en est pas vraiment une. Après la naissance de sa fille et l'achat de la maison, Claudia est retournée sur le marché du travail dans le seul but d'apporter un deuxième revenu à la famille. Ils en avaient grandement besoin. Elle ne s'est pas souciée de savoir si ce travail lui plaisait ou non. Aujourd'hui, elle se rend compte que cet emploi ne la satisfait pas le moins du monde et qu'elle entre chaque matin à la banque comme une étrangère. Et ce *look* ! Comment se peut-il qu'elle ait cette allure ? Qu'est-il advenu de son charme et de sa silhouette ? Elle constate que sa grossesse a laissé des traces, et que son époux n'en a pas fait de cas.

Claudia a obtenu tout ce qu'elle voulait de la vie, mais elle n'aime pas la femme qu'elle est devenue. Elle fait part de ses insatisfactions à son mari, et celui-ci l'écoute. Elle découvre qu'il la comprend, même s'il ne partage pas son malaise. Il lui offre toute sa complicité. Il veut que cette femme qu'il aime retrouve une image digne d'elle-même. Joignant le geste à la parole, il l'entraîne dans des boutiques afin qu'elle puisse se constituer une nouvelle garde-robe, la garde-robe de la « nouvelle collection Claudia », comme il dit. En compagnie de leur fille, ils s'amusent comme des fous, sous le regard ébahi des vendeuses. Le soir, ils font le tri des vêtements de « madame » désormais inutiles et les entassent dans des sacs. Tout y passe, des sous-vêtements aux chapeaux. Et une fois la petite au lit, la nouvelle Claudia et son complice font l'amour ailleurs que dans le lit conjugal. Il faut avoir de la suite dans les idées, après tout ! Claudia change de coiffure, se fait teindre les cheveux en roux, perd quelques kilos et quitte son emploi. Un véritable sprint dont la seule règle est de ne jamais revenir en arrière. Bien sûr, ce branle-bas coûte cher. Mais pour le mari de Claudia, c'est bien peu comparé au prix que paierait sa femme si elle redevenait une « madame ».

Il reste à réorienter la carrière de Claudia en fonction de sa véritable personnalité, de ses goûts, de ses aspirations. C'est ainsi que je fis la connaissance de Claudia : une rousse flamboyante faisant se retourner chaque homme qu'elle croisait et ayant un dynamisme contagieux. Elle a posé sa candidature à la radio, comme chroniqueuse dans une émission du matin et a été choisie, malgré sa totale inexpérience. Cette Claudia n'a plus rien à voir avec la dame de la photo d'anniversaire.

Cette nouvelle occupation est diablement plus prenante que le poste à la banque. La petite famille s'ajuste au nouvel horaire de Claudia, et à la perte de revenu engendrée par son nouveau choix de carrière. Claudia a réussi à résoudre l'adéquation par une action positive. Elle a ce qu'elle a toujours voulu avoir, à savoir un mari, un enfant, une maison, un métier qu'elle aime. Et elle cohabite en harmonie avec ce qu'elle est fondamentalement, avec ce qu'elle aime être.

Le cas de Daniel : quand « ce que j'aime » correspond à « ce que je veux »

Daniel est directeur des ressources humaines dans une grande entreprise de téléphonie. Il se casse la tête depuis plusieurs mois pour trouver la personne capable d'occuper le poste de responsable des relations publiques. Ce matin-là, il doit rencontrer une candidate qui lui a été vaguement référée par le vice-président aux ventes de l'entreprise. Mais il a beau fouiller partout dans son bureau, il ne trouve pas le curriculum vitæ de cette personne. Le document est peut-être chez sa secrétaire. Il sort de son bureau pour aller le chercher.

Elle est là, assise dans l'antichambre, près de l'accueil. Il la reconnaît immédiatement. Toujours belle, un peu plus mince, se dit-il. Cette femme n'est autre que Marie-Jeanne, la première femme qu'il a aimée. Elle lève les yeux, l'aperçoit, sourit. Daniel est pétrifié de surprise, mais heureux. Malgré les vingt ans qui les séparent de leur dernière rencontre, elle l'a reconnu tout de suite. S'ensuit une situation assez cocasse, où les anciens amants ne savent pas s'ils doivent se serrer la main ou suivre l'élan de leur cœur et s'embrasser. Ils optent pour un compromis entre les deux.

Dans le bureau de Daniel, l'entrevue se transforme en retrouvailles heureuses. Vraiment, Marie-Jeanne est demeurée une femme magnifique ; le temps l'a à peine effleurée. Ses quelques rides ajoutent à son charme, et l'aplomb qu'elle a acquis au fil des ans la rend, si c'est possible, encore plus désirable. Le passé refait surface et les souvenirs défilent, au gré des rires et des sourires complices. Daniel a l'impression de retrouver ses vingt ans. Que le hasard faisait bien les choses !

Contrairement à Daniel, Marie-Jeanne est restée fidèle à leur première passion du temps de l'université : le journalisme. À la fin de ses études, elle a obtenu un poste dans un magazine britannique, ce qui a lancé sa carrière de correspondante à l'étranger. Elle a vécu par la suite en Europe, aux États-Unis, et tout dernièrement au Moyen-Orient. Après quatre années passées là-bas, elle a eu envie de retrouver sa terre natale. Elle espère trouver un travail ici, pour deux ou trois ans, question de faire une pause avant de repartir vers de nouvelles aventures. Marie-Jeanne n'est pas mariée, ne l'a jamais été. Elle n'a pas d'enfants. Elle a consacré toute sa vie à sa carrière, dont elle est fière. Elle parle de toutes ses missions comme on présente des trophées.

Daniel écoute en silence, muet de jalousie. La réapparition de cette femme dans sa vie l'oblige à remettre en question l'ensemble de ses choix. A-t-il raté sa vie en tournant le dos à l'aventure et au risque ? Il aurait pu avoir une carrière aussi aventureuse que celle de Marie-Jeanne. Au lieu de cela, il a rencontré celle qui est devenue sa femme, a accepté de prendre un tournant de carrière plus propice à la vie de famille et est devenu un rond-de-cuir. Son image personnelle en prend un coup.

Après le départ de Marie-Jeanne et des promesses réciproques de garder le contact, Daniel annule le reste de ses rendez-vous de la journée et quitte le bureau pour rentrer chez lui. Durant tout le trajet du retour, des milliers d'images défilent dans sa tête : ce qu'il aurait pu être, les choses qu'il aurait pu réaliser, la carrière si enrichissante et valorisante qu'il ne vivra jamais… L'amertume le submerge, il serre tellement les mains sur le volant qu'elles s'engourdissent.

De retour chez lui, après avoir trébuché sur les jouets des enfants qui traînent dans l'allée, il ouvre la porte de la maison pour surprendre la chatte paresseusement endormie dans l'escalier. Elle se frotte langoureusement contre ses mollets, espérant attirer ses bonnes grâces. Toujours sous le choc, il passe devant la salle de bain et voit le soutien-gorge de dentelle blanc de sa femme pendu à la douche. Dans un coin du salon, un puzzle attend que sa plus jeune le termine au retour de l'école. Sur le réfrigérateur, son fils lui a laissé une note, lui rappelant un match de soccer père/fils auquel Daniel est convié. Tous les détails de cette maison lui parlent de sa vie d'époux et de père. Il donne son repas à la chatte et se rend ensuite dans son bureau. Tout y est : le fauteuil de cuir hérité de son père, la bibliothèque, l'ordinateur que sa femme a surnommé « la machine à projets », les dessins des enfants, et tant d'autres petits riens qui racontent naïvement le parcours de son existence.

Daniel s'assied dans son fauteuil et éclate de rire. La vie lui a fait une bonne blague en catapultant Marie-Jeanne dans son bureau ce matin-là. Mais, Dieu du ciel, ce qu'il peut aimer sa vie ! Du sous-vêtement en dentelle qui pend dans la salle de bain aux jouets en désordre des enfants, tout dans cette maison lui crie à quel point il est heureux. Cent mille aventures ne l'auraient jamais comblé autant. Il se félicite d'avoir fait ces choix. Il adore sa femme, chérit ses enfants, et surtout, surtout, il n'échangerait pas cette vie pour tout l'or du monde. Il aime l'existence qu'il a choisie et sait qu'il a choisi la vie qu'il aime.

Daniel retourne au travail. Il s'arrête en chemin pour s'acheter des fleurs. Sur la carte qui les accompagne, il écrit: «À moi, de moi, pour le beau cadeau que je me suis offert: MA VIE!»

En terminant ce chapitre, je vous invite à résoudre, vous aussi, l'ADÉQUATION. Comme Daniel, Claudia et Mario, demandez-vous quelles sont les choses, les aspects, les situations que vous aimez et/ou ce que vous voulez, et faites la part des choses entre les deux.

CE QUE J'AIME CORRESPOND-IL À CE QUE JE VEUX?

Ce que j'aime	Ce que je veux

Chapitre

4

Ce qu'on demande à l'amour

Dans les années cinquante, on croyait que la religion apportait le bonheur et offrait une réponse à toutes les questions, une solution à toutes les angoisses. Mais nous avons constaté que le bonheur se cachait ailleurs. Dans les années soixante, on a confié ce rôle au mariage. Ah, le mariage! Ce sacrement devait nous tracer la voie vers la plénitude. Avec la Révolution tranquille, cette certitude s'est, à son tour, effondrée. Puis, la pilule contraceptive nous a permis de croire pour un temps que l'épanouissement personnel passait par le sexe. Nouvelle déception. Dans les années quatre-vingts, la psychologie humaniste nous a dit que le bonheur résidait dans la croissance personnelle. Nous sommes ressortis de plusieurs week-ends de cheminement, de thérapies de groupe, de rebirth ou de gestalt un peu dépouillés financièrement, mais toujours aussi avides de trouver le bonheur. Dans les années quatre-vingt-dix, on nous a fait croire que le bonheur se cachait dans le travail. Celui-ci avait toutes les vertus, y compris celle de garantir l'autonomie. On est allé jusqu'à inventer le terme de travailleur autonome! C'est à cette époque que s'est davantage répandu le burnout. Les records d'absentéisme au travail reliés à l'alcool, aux drogues, au jeu et à la maladie ont été battus. Le travail n'était décidément pas la route du bonheur, comme nous l'avions cru.

Les dernières statistiques nous ont appris que les gens optent aujourd'hui pour des emplois moins rémunérateurs qui leur permettent de consacrer plus de temps à leur famille et de bénéficier de conditions de travail plus propices à l'épanouissement familial. Bref, il semble que l'on se tourne vers la famille pour y trouver le bonheur. L'y trouverons-nous?

À travers les âges, les époques, une chose continue à faire l'unanimité dès que l'on parle de bonheur : l'amour. De tout temps, on a prétendu que l'amour rendait heureux, que l'autre était garant de notre bonheur.

On lui en demande beaucoup, à ce pauvre amour ! Parce que j'aime, je suis censé comprendre. Puisque j'aime, je dois pardonner, partager. Et celui ou celle qui m'aime doit combler l'ensemble de mes besoins. Cette conception idéale de l'amour, chantée et décrite de mille façons et par des milliers d'auteurs, remonte si loin qu'elle a imprégné notre inconscient collectif, notre culture. En fait, cette vision de l'amour est si lointaine qu'elle en devient biblique. Je pense au texte qu'on m'a lu le jour de mon mariage. C'est un extrait de la Première lettre aux Corinthiens, que je retranscris ici. Peut-être vous rappellera-t-il votre propre mariage.

2 *J'aurais même toute la foi jusqu'à transporter des montagnes,*
si je n'ai pas la charité/l'amour [le terme grec est *agapè*]
je ne suis rien.
4 *L'amour est patient,*
il est plein de bonté ;
l'amour n'est point envieux ;
l'amour ne se vante point,
il ne s'enfle pas d'orgueil,
5 *il ne fait rien de malhonnête,*
il ne cherche pas son intérêt,
il ne s'irrite pas,
il ne soupçonne pas le mal,
6 *il ne se réjouit pas de l'injustice,*
mais il se réjouit de la vérité ;
7 *il excuse tout, il croit tout,*
il espère tout, il supporte tout.

8 *L'amour ne périra jamais.*

Première lettre aux Corinthiens 13,4

La Bible (Traduction de Louis Segond)

Quel contrat pour ce pauvre amour ! Avec un mandat semblable, il n'est pas étonnant que l'on côtoie, jour après jour, des personnes désappointées par ce que leur couple leur a apporté. Ce texte biblique qui nous dit « Si je n'ai pas l'amour, je ne suis rien », laisse aussi supposer qu'en dehors du couple, je ne suis personne. Il n'est donc pas étonnant de voir des hommes et des femmes sauter d'une relation à l'autre sans même prendre le temps de faire le point. Évidemment, l'auteur a raison ! L'amour nous fait grandir, nous rend plus bienveillant, plus charitable, mais ce texte fait de l'amour l'outil ultime censé nous projeter vers le bonheur absolu. C'est comme si, du simple fait que je suis amoureux, mon travail s'arrêtait là, comme si je croyais que le bonheur était gagné d'avance. Alors qu'il faut l'acquérir, ce bonheur, le cultiver, le garder, et que ce n'est pas toujours facile.

Pour poursuivre dans la veine du discours religieux, je préfère, à la Lettre aux Corinthiens, la question que m'a posée le prêtre lors de mon mariage : « Êtes-vous prêt à contribuer à cette union au meilleur de vos capacités ? » Cette question me semble plus pertinente, car elle implique *ma* contribution. Mon union sera une réussite si j'y contribue, et non pas seulement grâce à la magie de l'amour. Contribuer, c'est « prendre sa part d'une charge commune ». Je ne peux me fier à l'être aimé pour garantir mon bonheur. En fait, ce genre de délégation risque de m'entraîner vers l'échec.

Un jour, j'interviewais le responsable d'une maison de thérapie pour hommes violents. Nous parlions de l'escalade de la violence, qui débute toujours par des paroles ou des gestes qui peuvent paraître anodins et qui n'en sont pas moins inacceptables. Mon interlocuteur a conclu en ces termes : « Si tu rends l'autre responsable de ton bonheur, tu le rends, par le fait même, responsable de ton malheur. C'est ce qui motive de nombreux actes de violence. » Voilà pourquoi je disais plus haut que je ne peux être responsable du bonheur de personne, et que nul ne peut être responsable de *mon* bonheur. Nul autre que moi.

Comment puis-je contribuer de façon à être l'acteur principal de mon bonheur ? Et si je demandais à l'amour d'être un projet auquel je contribue, plutôt qu'une baguette magique qui doit faire jaillir le bonheur d'une source extérieure à moi-même ?

Pour ce faire, il est préférable de savoir exactement ce que je dis quand je dis : « Je t'aime ». Ce qui nous ramène aux définitions de l'amour. Celui ou celle qui fait en sorte de toujours être en mesure de dire « J'AI ENVIE D'ÊTRE AVEC TOI » participe, contribue pleinement à l'équilibre et à l'harmonie de son couple et lui assure un minimum de pérennité.

Pour qu'il soit plus facile d'affirmer « J'AI ENVIE D'ÊTRE AVEC TOI », il est souhaitable de jeter, au préalable, des cartes dans le POKER AMOUREUX qui concordent avec le type de relation que nous avons envie de vivre. Dès ce moment, ce que l'autre libère en nous devrait résoudre l'adéquation par la positive. Lorsqu'on harmonise « CE QUE J'AIME » et « CE QUE JE VEUX », il est plus facile de contribuer pleinement et amoureusement à ce projet merveilleux qui consiste à « être deux ».

ÉPILOGUE

LA PRIÈRE DU CÉLIBATAIRE

Lorsque je donne des conférences, celles-ci sont toujours placées sous le signe de l'humour. C'est pourquoi il n'est pas rare que je commence mes prestations publiques par un petit exercice qui nécessite la participation de l'auditoire. Je l'ai intitulé «La prière du célibataire». J'invite les participants à répéter ensemble certaines phrases de la «prière», puis les hommes et les femmes à en dire, séparément, certains passages.

– *Je vous lis ce petit «texte à répondre» et vous répétez après moi.*
– *Tout d'abord, tout le monde ensemble:*

Oh, Seigneur! Je suis né célibataire
Et je mourrai célibataire.
Le célibat est un état
Qui n'apporte que des joies.

– *Seulement les femmes maintenant:*

Fini, les tubes de dentifrice débouchés
Les couvercles des toilettes levés
Et les dessous de dentelle au mois de janvier.

– *Attention! Les hommes, maintenant:*

Fini, les pirouettes au lit,
Faire semblant d'aimer le brocoli,
Les sautes d'humeur tous les trente jours.
Plus besoin de dire: Mais oui, je t'aime, mon amour.

– *Et maintenant tout le monde ensemble, c'est l'apothéose:*

Enfin, je mets mon ketchup où cela fait mon affaire
Dans l'frigidaire ou dans l'armoire.
J'prends toute la place dans le lit ce soir
Hé, que c'est l'fun d'être célibataire!

TABLE DES MATIÈRES

achevé d'imprimer
au Canada en septembre 2003
sur les presses des Imprimeries Transcontinental Inc.,
division Imprimerie Gagné